青少年国情教育

地理学家黄秉维

邹雄彬

费墨 著

SPM 南方传媒 广东海燕电子音像出版社

·广州·

图书在版编目（CIP）数据

地理学家黄秉维 / 邹雄彬，费墨著. -- 广州：广东海燕电子音像出版社，2025.1

（青少年国情教育）

ISBN 978-7-83008-881-1

Ⅰ.①地… Ⅱ.①邹… ②费… Ⅲ.①黄秉维—生平事迹—青少年读物 Ⅳ.① K825.89-49

中国国家版本馆 CIP 数据核字（2023）第 083361 号

出 版 人：丁正希
策划编辑：贾宇娜
责任编辑：张镇鸿　何蔓逦
责任校对：郭怡琳
责任印制：廖红琼
封面设计：庄慧慧

地理学家黄秉维
DILIXUEJIA HUANG BINGWEI

出版发行：广东海燕电子音像出版社
　　　　　　（广州市天河区花城大道6号名门大厦豪名阁25楼）
经　　销：全国新华书店
印　　刷：广州小明数码印刷有限公司
　　　　　　（广州市天河区高普路83号B栋C5号）
规　　格：787 mm × 1092 mm
开　　本：16
印　　张：9.5
字　　数：80 千字
版　　次：2025年1月第1版
印　　次：2025年1月第1次印刷
书　　号：ISBN 978-7-83008-881-1
定　　价：48.00元

如发现印装质量问题，请直接与印刷厂联系调换。

质量监督电话：（020）38299245　购书咨询电话：（020）38896147

前　言

　　我国科学院院士、著名地理学家黄秉维先生是一位备受尊敬的学者，他在地理学领域的卓越贡献，影响深远。

　　黄秉维先生的一生充满了对地理学的热爱和追求。他在年轻时便进入地理学系学习，通过不断努力和探索，逐渐成为我国现代地理学的一代宗师。他的学术思想和实践经验，不但在当时产生了重大影响，而且至今仍然具有重要的科学意义和实践价值。

　　黄秉维先生的学术思想具有前瞻性和创新性。他突破了传统的研究模式，提出了以要素为主体的综合研究方向，为自然地理学各分支的深入研究和自然地理综合工作构筑了一

黄秉维

个科学化"平台"。

黄秉维先生是一位严谨、认真、求实的学者。他始终坚持真理，强调要综合地研究问题，又强调对具体问题要具体分析。他的治学态度和科学精神，不仅为当时的地理学界树立了榜样，也为我们今天的学习和研究提供了宝贵的启示。

我们通过此书深切怀念黄秉维先生这位伟大的学者，同时回顾他的学术思想和实践经验，以表达对他的敬意和感激之情。黄秉维先生出生在惠州，惠州是东江中下游的中心城市。本书收录了100多条东江地理小百科知识，虽然这些地理知识与内文并不完全相关，但正所谓"一方水土养一方人"，黄秉维对家乡的热爱是他与这片土地之间最深厚的情感纽带。我们旨在通过这些小百科知识，让读者能更全面地感受到惠州的地理环境对黄秉维先生的学术成就具有深刻的影响。

我们相信，黄秉维先生的学术思想将继续指引我国现代地理学前进的方向，为我国现代化建设和人类家园的美好未来做出积极的贡献。

邹雄彬

2024年4月

目 录

引　言

黄秉维（1913—2000），广东惠阳县（今惠州市）人，地理学家，我国现代自然地理学的奠基人，1955年当选为中国科学院学部委员（院士）。

黄秉维曾任第三届全国政协委员，第三、第五、第六届全国人大代表，第五届全国人大常务委员会委员，水利部顾问。黄秉维也是罗马尼亚科学院名誉院士、美国地理学会会员、英国皇家学会名誉通讯会员、国际山地学会顾问。黄秉维于1996年获国际地理大会特别荣誉证书，于1997年获何梁何利基金科学与技术进步奖。

黄秉维主编的《中国综合自然区划（初稿）》是内容详尽而系统的全国自然区划专著。他参与全国基础学科12年发展远景规划制定，创建北京农业生态系统试验站，编制了我国第一幅1∶400万黄河中游土壤侵蚀分区图、水力和风力侵蚀程度图。

黄秉维长期致力于我国资源环境研究，在我国综合自然区划、黄河中游的土壤侵蚀与保持、地表热量水分平衡、农业自然生产潜力、华北水利与农业发展、坡地改良与利用、确切估计森林作用、全球环境变化及其影响和地球系统科学与可持续发展战略研究等方面做出了卓越贡献。

黄秉维一生著作丰厚，编撰了《自然地理学原理》《中国地理》《高中本国地理》《中国动力资源之区域分布》《华南坡地利用与改良：重要性与可行性》《再论华南坡地利用与改良》等著作，为我国地理学研究奠定了坚实基础，其学术思想不断指引我国地理学学科发展的新方向。

尽管黄秉维已经离开了我们，但他给我们留下了巨大的地理学研究财富，值得我们尊敬、怀念。同时，我们要沿着他曾经走过的路，继续向前，不断进步，方为铭记。

扫码听书

第一章　少年黄秉维

当时知识界有不少人提倡科学救国，我欣然如获至宝，决心以此为自己安身立命的桃花源。

——黄秉维

惠州西湖泗州塔

第一节　晚清知府之家

无论国家处在什么阶段，都要去努力改善，才能获得更多的机会，才能有所成就，如愿以偿。

窘迫的晚清知府

1912年2月12日，历史的时钟见证了一个重要的时刻——袁世凯成功迫使清朝宣统皇帝溥仪退位，正式宣告了清朝的灭亡。这个具有里程碑意义的事件，不仅对整个中国历史产生了深远的影响，也改变了许多人的命运。

当时，曾任知府的黄荣辉选择离开官场，返回家乡广东惠阳安度晚年。他尽管曾经在官场上有着不低的地位，但并没有像其他官员那样贪污受贿。相反，他一直秉持着清廉守法的原则和保持着高尚的品德。因此，尽管他担任了多年的官职，但家中并没有多少积蓄。

就在黄荣辉回乡第二年的2月1日，其家族迎来了一个令人欣喜的新生命——黄荣辉的曾孙黄秉维。这个新生命的到来，虽为黄家带来了希望和活力，但也使本就困顿的家庭变得更加窘迫，

> **1 东江流域**
>
> 广东境内的东江流域处于粤中、粤东和粤北的交接部位，在各经济区之间发挥着承启作用，历来是粤中、粤北至粤东的重要枢纽，因此被称为"粤东门户"。东江流域大致可分为三部分：北部以山地丘陵为主，西南部以三角洲平原为主，东南部以山地、台地为主。南部濒临南海，受海水的侵蚀、堆积作用及重力崩塌等影响，海岸地带形成了海蚀崖、海蚀平台、海积阶地、海积平原、海成沙堤和海滩等地貌。

除了拥有"书香之家"的名声外，黄家的生活与普通百姓家的一样清贫。

泪洒私塾

1918年，5岁的黄秉维到了上学的年纪。在双亲的安排下，他进入了惠阳一家名为"林寅谷"的私塾就读。当时的社会动荡不安，国内有军阀混战，国外有列强欺凌，国家处于风雨飘摇之中。尽管年纪尚小，但黄秉维已经懵懵懂懂地知道民众生活的艰难，也从私塾先生的教诲中意识到，一旦国破家亡，百姓将面临何等悲惨的境地。当听到先生吟诵"皇皇华夏，将即于奴，戚戚江山，日变其色"时，黄秉维无法抑制内心的悲伤，泪水滚滚而下，声音哽咽。这泪水的背后，既是对未知未来的恐惧，也是对国破家亡的深切担忧。

2 平行岭谷

广东山地主要集中在粤北、粤东和粤西，山脉多呈东北—西南走向，山脉之间镶嵌着盆谷，整体呈现排列有序的岭谷格局。其中东江流域的岭谷由粤东和粤北的部分区域组成，山地有九连山山地、罗浮山山地、紫金山地和莲花山山地（西南段），盆谷有龙门-灯塔谷地、东江谷地、西枝江谷地。上述四列山地夹着三条谷地，自北而南相间分布，组成东北—西南走向的平行骨架。

内心的小倔强

在私塾的最后两年，黄秉维在三舅父的家中寄住。三舅父，曾经是一个充满热情的康有为追随者，眼中充满着对未来的憧憬，倡导学习西方，提倡科学文化，希望通过维新让国家变强大，不受列强欺侮。

然而，残酷的历史现实使得三舅父的理想在戊戌变法失败后破灭。他目睹了戊戌六君子英勇就义，心中那股热血瞬间冷却，对当时的社会失去了信心。面对曾经痛恨的军阀横行、官吏枉法等乱象，他再也无法提起斗志。

三舅父常常对黄秉维诉说他的心酸和无奈，他说："我再也不会出仕当官，我不为贫贱而忧愁，不热衷于发财，忘掉所有得失，就此了却一生。"面对三舅父如此消沉的意志，黄秉维不以

3 岭谷平行成因

东江流域所呈现的岭谷平行现象主要是受地质构造所控制。在侏罗纪末期，受燕山运动的影响，火成岩广泛侵入东江流域，促使地壳隆起，形成一系列东北—西南走向的山脉，而山脉之间的地区则发生坳陷和断裂，形成多个东北—西南走向的构造盆地。在随后稳定的地质时期，隆起地区受到长期剥蚀，剥蚀物堆积在盆地中，逐渐形成红色岩系。在喜马拉雅造山运动时期，东江流域主要受断裂作用影响，盆地相对下陷成为下陷谷，盆地两旁则相对上升成为垒状山，进而形成多级剥蚀面和河流阶地。

为然，心中反而激起了一股倔强劲。

黄秉维坚定地回应："在国之将破、社会将乱的时代，隐逸者对国家、民族的进步没有任何意义。唯有像商朝开国元勋伊尹一样，积极有为，无论国家处在什么阶段，都要去努力改善，才能获得更多的机会，才能有所成就，如愿以偿。"他觉得，不能因为一时的挫折而放弃，要坚持下去，直到最后的胜利。

4 重要通道

东北—西南走向的平行岭谷孕育了东江及其各支流水系，较为平缓与开阔的河谷还贯穿了粤中与粤东北地区，甚至可上溯到赣南地区，因此成为古代沟通中原与岭南的重要通道之一。如今，东江流域仍是香港、深圳至粤北、江西，以及粤北至粤东地区的重要通道。

第二节　来自爱因斯坦的影响

自此，黄秉维心中埋下了一颗"科学救国"的种子。这颗种子在他的心中悄然萌芽，并最终茁壮成长，成为他为祖国追求科学进步的不竭动力。

小黄秉维的思考

1921年，黄秉维尚年幼，只有8岁。此时的中国，正致力于推动自救运动，力图遏止列强侵略和内乱。同年5月，孙中山先生在广州积极筹备北伐，以期实现国家的统一和复兴。几乎在同时，中国共产党在嘉兴召开了第一次全国代表大会，为中国的工农阶级和民主革命注入了新的力量。

尽管黄秉维年纪尚小，但他从父辈和老师的讲述中逐渐理解到那些革命党人身上的血性和奋勇背后的意义：为了国家的前途和命运，甘愿付出生命的代价。这使小小年纪的黄秉维也开始思考：面对这个充满疮痍的国家，我要怎么做才能贡献我的一份力量呢？

5 东江谷地

东江谷地指东江中游呈东北—西南走向的狭长形坳陷地区，北起龙川枫树坝，南至博罗观音阁，在构造上属于东江断裂带。谷地沉积有侏罗纪煤系岩层和白垩纪、古近纪、新近纪的红色岩系层，河谷两侧被山地、丘陵所围绕。

东江谷地整体较为平坦，自古是连通福建与广东的交通要道，也是连接梅州、河源与珠江三角洲地区的必经通道，而且水源充足，土壤肥沃，是东江流域主要的耕作区和居民区，孕育了以客家文化为主体的东江文化。

爱因斯坦的启发

1922年12月，爱因斯坦，这位世界闻名的科学家，应邀前往日本进行学术交流。在途经上海时，他作了短暂的停留。就在这里，他收到了自己荣获诺贝尔物理学奖的消息。这一消息瞬间被我国各大媒体广泛报道，在国内引起了巨大的轰动。

当时正在上学的黄秉维，从报纸上看到了这个消息后，内心深受触动。他认识到，科学的力量对于一个国家的进步和振兴具有不可替代的重要性。对于戊戌变法的失败以及列强的侵略，黄秉维认为这些问题的根源在于我国科学力量薄弱。

自此，黄秉维心中埋下了一颗"科学救国"的种子。这颗种子在他的心中悄然萌芽，并最终茁壮成长，成为他为祖国追求科学进步的不竭动力。

6 东江断裂带

东江断裂带大致沿兴宁的四望峰、罗岗，河源的龙川、源城，至博罗的湖镇一带发育，长约230千米，宽约30千米，整体呈东北—西南走向。东江断裂带对东江流域地貌的形成有着深远的影响，东江沿此断裂带发育而形成，断裂带内平原和台地呈东北—西南向狭长形分布，主要城镇与交通道路亦沿此断裂带分布，断裂带两侧则被山地所围绕。该断裂带的矿产资源丰富，矿产资源具有种类多、分布广、品位高、规模大等特点，优势矿产资源包括地热、矿泉水、高岭土、稀土、铁等。

来自父亲的坚定支持和鼓励

在爱因斯坦获得诺贝尔物理学奖的鼓舞下，有志青年纷纷涌现，他们渴望到海外求学，期望能够学到更多有用的知识来报效祖国。

黄秉维的眼神中充满了对未来的热切期待。他的父亲黄元龙理解并支持他的想法，他抚摸着黄秉维的头说："国家的进步和社会的变革，最终要依靠科学的力量。而这种力量，需要你投入一生的精力和时间去掌握。尽管我们的家庭条件有限，无法提供像富裕家庭一样的出国学习机会，但你仍可以通过个人的努力，来实现你的目标。我相信，只要你加倍努力，多读书、勤思考，就一定能实现你的梦想。"

尽管黄秉维当时并未完全理解父亲话语中的深意，但他依然感受到了父亲的坚定支持和鼓励。因此，他更加努力地学习，甚至在惠阳县立第二小学学习时，因为觉得学校的课程进度过慢而决定退学回家自学。在1926年夏天，他又进入了广州小马站廉伯英文学校继续深造，为未来报效祖国奠定了坚实的基础。

7 地震带

东江断裂带还是一条中等活动频度的地震带，震源深度为5～15千米，属于浅源地震带，不过地震活动的强度较低。

第三节　科学救国梦

这份铁骨铮铮的誓言，使黄秉维更加坚定意志：断绝一切幻想，用科学力量和实际行动来拯救国家和民族。

对未来的沉思与迷惘

随着年龄的增长，黄秉维开始对未来的人生进行深入思考。他更加反感军阀的专横和官吏的腐败，内心深处渴望凭借自己的力量改变这个社会。为了实现这一目标，他深知必须不断学习知识，提升自己的能力。

由于受时局动荡的影响，他的父母为了维持生计已经竭尽全力，但生活依然艰难。父亲黄元龙长时间处于失业状态，全靠母亲打工维持家计。作为家庭的一员，黄秉维深感需要尽快为家里分担压力。

如何选择未来的道路，成了黄秉维必须面对的重要抉择。究竟是继续深造学习，以便将来能够报效祖国，还是选择外出打工赚钱，帮助家庭渡过难关？黄秉维一时间陷入了沉思和迷茫之中。

8 西枝江谷地

西枝江谷地指位于西枝江中上游的河谷地区，南、北两侧被中低山所围绕，东起惠东白盆珠镇，西达惠州市区，长约120千米，宽5～10千米。该谷地在地质构造上为坳陷带，有五华断裂通过，基底主要为花岗岩和红色砂砾岩。西枝江谷地地势较高且平坦，加上南面有莲花山对沿海台风、暴雨的阻挡，洪涝灾害较少，因此谷地内分布有许多乡镇。

铮铮誓言

为减轻家庭负担，秉持孝道的黄秉维听从父母建议，计划报考邮局或海关的职位，以获取稳定的职业，确保家庭衣食无忧。为实现这一目标，他积极学习英语，努力成为这两个部门所需的人才。然而，他发现这两个"铁饭碗"部门均由外国列强掌控，若加入其中，无异于助纣为虐。在"铁饭碗"与"爱国"之间，黄秉维毫不犹豫地选择了后者。他向父母坦诚自己的想法，并果断放弃了报考"铁饭碗"的念头，转而寻找其他途径。幸运的是，开明的父母对此表示理解，并为他感到由衷的高兴。

黄秉维深知，在战乱时期，物质生活的体面或许可以暂时舍弃，但内心的民族气节和国家大局的体面却至关重要。对于那些"崇洋媚外""走狗汉奸"的行为，他始终抱有强烈的义愤和蔑视。为表达自己的坚定信念，黄秉维向母亲立下誓言："一旦国亡，儿绝不独活，必将以身殉国。"这份铁骨铮铮的誓言，使黄秉维更加坚定意志：断绝一切幻想，用科学力量和实际行动来拯救国家和民族。

9 西枝江谷地地貌

西枝江谷地内的地貌主要为河漫滩平原和台地。在谷地两侧的低丘上，多栽种有果树，如荔枝、芒果、龙眼和柑橘等。

第二章 叩响地理学的大门

在人类文明的长河中，地理学始终扮演着重要的角色。它既是一门学科，也是一种智慧，帮助我们更好地理解这个世界的奥秘。通过地理学的研究，我们可以更好地理解这个世界的奥秘，更好地认识自己和这个世界的关系。

——黄秉维

惠阳大南山

第一节　大学时光

　　有了目标的黄秉维每天沉浸在知识的海洋中，起早贪黑、刻苦学习。经过两年的不懈努力，黄秉维"连跳"五级，顺利考入中山大学，迈出了科学救国的第一步。

考入中山大学

坚决地放弃了考取"铁饭碗"的机会后，年近二十的黄秉维决定不再向父母寻求资助。他急需找到一条属于自己的未来之路，并坚定地迈出步伐。回顾过去，他曾怀揣着满腔热情，期望能像孙中山先生一样，拯救人民于水深火热之中。然而，面对侵略中国的帝国主义和压迫人民的军阀、官僚，他深感自己的力量和勇气不足。幸运的是，他发现了另一条道路。当时有许多知识分子提倡科学救国，黄秉维对此深感认同，并决定投身于科学领域。他相信通过学习科学知识，可以挽救祖国，并以此作为自己安身立命的依托。

有了目标的黄秉维每天沉浸在知识的海洋中，起早贪黑、刻苦学习。经过两年的不懈努力，黄秉维"连跳"五级，顺利考入中山大学，迈出了科学救国的第一步。

10 东江

东江是珠江的三大支流之一（其余为西江、北江），发源于江西，主要沿东江断裂带发育，流经河源、惠州、东莞等地，在东莞的河口三角洲注入狮子洋后出虎门入南海。东江的发育受东北—西南走向的主构造线支配，而垂直汇入东江的支流则受西北—东南走向的次级构造线支配。

研究祖国山河

人生的道路似乎每一步都充满了抉择。进入中山大学后，黄秉维开始了两年的预科学习生涯。然而，很快他又面临一次重要的选择：究竟应该选择哪个专业？这一选择将决定他未来的科研方向以及人生道路。

在预科学习这两年时间里，化学专业最吸引黄秉维，但面对外国科学家屡屡来华考察的新闻，黄秉维的内心有一丝丝困惑：为什么中国人自己不研究祖国山河？也正是这一丝丝困惑，犹如黑暗里的一束光亮，指引他在科学救国的道路上找到了一个明确的方向：地理科研。

迈入地理系的大门

在当时，地理科研还是一个相对较新的领域，中国本土的地理学家开展的相关研究还很少，更不用说有足够的资料、结论以

11 东江源头

东江的上源有两条同等重要的河流，一为寻乌水，另一为贝岭水，因此东江的源头一直有争议。一般认为寻乌水为东江源头，因为寻乌水干流长127千米，而贝岭水干流较短，长93千米。两河在广东龙川的枫树坝水库汇合后始称东江。东江全长约520千米，流域面积约2.7万平方千米。

供参考和引用。尽管未来方向已经明确，但黄秉维感觉自己仍身在迷雾之中，需要摸索前进。

那时，中山大学新建地理学系，为吸引学生，学校规定凡是成绩满75分的学子报考地理学系，一律免收学费。黄秉维抓住了这个机会，最终走入了地理学系的大门。那个时候，他完全不知道地理学是一门怎么样的科学。

12 东江地貌区

　　东江从中游至下游依次塑造出灯塔盆地、河源盆地、惠州平原、西枝江谷地、东莞盆地和东江三角洲等地貌。这些地貌区是东江流域主要的城镇分布地。东江也为东江流域的交通网络奠定了基础，自古以来一直是联通区域内外的主要交通纽带。

第二节　向着知识的海洋勇往直前

黄秉维认为，选择地理学是为了用脚步丈量祖国的山河，利用所探所获研究祖国山河，不能因为困难而退缩。

以极大的努力和热情投入学习

对于黄秉维而言，地理学是一个陌生的领域。在克勒脱纳（W. Credner）教授讲解地理学的定义和内容时，黄秉维坐在教室里，虽有理解之感，却又有茫然之忧。就像面对无边无际的海洋，他能够感知到一切，却又无法触及。这种状况带给他深深的困扰和迷茫。为了更深入地探索地理学的真谛，黄秉维以极大的努力和热情投入学习，尽力把握每一个机会去理解地球表面的各种现象。他以初学者的心态从基础开始，将日常生活中观察到的现象与课堂上学到的知识逐渐关联起来。从最初的风雨云电、山河湖泊，到后来的自然区划、植物分布，黄秉维深刻认识到：只有全面了解知识，尤其是积累地理学各分支与相邻学科的知识，

---

13 西枝江

西枝江是东江第二大支流，发源于紫金的竹坳，由东向西流经惠东、惠阳、惠城等地，于惠城龙丰汇入东江，全长176千米，流域面积4120平方千米。白盆珠以上河段为上游，属于山区河流，河谷呈"U"字形，间隔着小盆地，河床以沙、卵石为主，水流湍急；白盆珠到惠东县城河段为中游，接连纳小沥河、安墩河等支流，河谷逐渐开阔，流速逐渐平缓，河床以粗沙、中沙为主，沿岸属于丘陵地带；惠东县城到惠城入东江口河段为下游，属于河谷冲积平原地带，地势平坦。

才能更好地掌握地理知识，否则只是浅尝辄止。因此，他更加专注地听课，废寝忘食地阅读，向着无边无际的知识海洋勇往直前。

不能因为困难而退缩

俗话说"初生之犊不惧虎"，对于地理学的初学者而言，"难"就是最大的"虎"。毕竟，要对日常能够看到的事物进行深入研究，通过现象找到理论依据，或根据结论寻找相应证据，把所有相关的内容联系在一起，这确实不容易。然而，此时的黄秉维充满热情，不断旁听、选修地质学和生物学的课程，其阅读文献的范围也越来越广，涉及矿物学、古生物学、动物学等领域。凡是黄秉维认为与地理学有关的学科，他都要涉猎一番。

渐渐地，黄秉维开始意识到，以有涯随无涯并非长久之计。地理学是一个综合性学科，凭一人之力，无法掌握所有的知识。

14　西枝江流域的降雨

西枝江流域平均年降雨量为1811毫米，年总降雨量的82%～85%集中在4—9月。上游高潭到石涧一带为广东暴雨中心地区之一，是西枝江洪水的主要来源；下游是低洼平原，兼受东江干流洪水的顶托、倒灌作用，是主要的洪泛地区。目前，西枝江沿江城镇已基本筑堤。1985年上游建成白盆珠水库，使坝址以上的来水得到控制，为治理、开发西枝江创造了有利条件。

于是，黄秉维不得不进行取舍，先后从矿物学、古生物学和动物学的课程中退出来，集中时间专注于学习自然地理学。

野外考察是地理学研究的关键内容，特别是对于中山大学新设的地理学系而言，其科研基础相对薄弱，野外考察能促进学生对知识的理解，因此，中山大学更加重视野外考察，平均每两周就会安排一次野外考察课，甚至有时一周安排一次。

然而，对于黄秉维来说，这并非一件易事。由于他从小体质较弱，不擅长运动，每次遇到爬山或长途行走时，他的脸色就会发青，气喘吁吁，需要长时间的休息才能恢复。

尽管如此，黄秉维始终坚持参加每一次的野外考察课。即使有时身体感到不适，他也不退缩。黄秉维认为，选择地理学是为了用脚步丈量祖国的山河，利用所探所获研究祖国山河，不能因为困难而退缩。

黄秉维不仅参与了克勒脱纳、卞莎（W. Panzer）、哈安姆（A.

15 东江三角洲

东江三角洲位于广东中部，是以赤岭峡西口为顶点，以狮子洋为西界的三角洲平原地区。它与西江三角洲、北江三角洲共同构成珠江三角洲。这三个三角洲的发育过程虽有相似之处，但东江三角洲地势宽平坦荡，没有岛丘，自成体系，不像另外两个三角洲那样有多个"冲缺三角洲"。

Heim）三位教授所率领的野外考察，而且在平常的休息时间里，他也和同学们一起跋山涉水，外出徒步。经过近一年的锻炼，黄秉维的身体状况有了显著改善，无论是崎岖山路还是戈壁沙漠，都难不倒他，他与考察团一起进行野外考察时，他也不会落后于人。

有人曾说，弱点是弱者用来逃避的借口，是强者用来挑战的理由。黄秉维对此深表赞同，他用实际行动证明了自己不怕艰难、潜心求学的决心。

德奥学派的影响

不同学科所呈现的风格各有差异。例如，文学以其浪漫闻名，而数学则以理性著称。那么，地理学科又具有怎样的风格呢？

黄秉维曾深入思考并试图从他所接触的教授们身上寻找答案。随着他的身体状况恢复良好，他与三位来自欧洲、属于德奥

16 东江三角洲的地理特征

东江三角洲主要由东江泥沙堆积而成，呈扇形分布，河流在石龙附近呈放射状分汊向西散开。三角洲冲积层的厚度一般为10～20米，越往三角洲前缘，地势越平坦，仅以较小的坡度向狮子洋方向倾斜，土壤肥沃，土地利用程度极高。人为修筑的堤围大大加速了三角洲的扩展。由于三角洲不断被围垦成沙田，而沙田以外的滩地又不断增高，新围的沙田往往比内部沙田要高。此处旱季时受海潮影响很大，同时也受到夏汛和台风的威胁。

学派的教授进行了越来越多的野外考察。

在与三位教授的深入接触中，黄秉维逐渐发现了他们身上的显著特质。首先，他们展现出"详尽的征引"风格，即面对任何问题或研究课题，他们总是利用丰富的知识进行讨论，并提出有理有据的观点。他们仿佛是一个个移动的知识库，随时可以提供所需的依据。其次，他们结合数学、人文、生物等方面的知识，把地理研究形成一个完整的体系。

最令黄秉维惊讶的是，德奥学派的教授们在观点论述上非常严谨，一旦发现任何不足，他们都会重新论证，绝不马虎随意。经过无数次的考察和论证，黄秉维深刻认识到这种学风对地理学研究的重要性。特别是当一个理论被提出时，需要各种证据来证明其正确性。此时，严谨考据的习惯和旁征博引的优势便体现出来。德奥学派的风格在潜意识中影响了黄秉维，使他逐渐形成了同样严谨的作风，对他以后的工作产生了意想不到的积极影响。

17 新、古东江三角洲

据地理学家曾昭璇等人的调查研究，以东莞石龙为起点的东江三角洲是新近形成的部分，为新三角洲，而石龙以上到博罗的东江三角洲为古三角洲。古三角洲含有较多的沉积物，由于长期受人为改造的影响，逐渐失去了放射状汉道系统，又因逐渐远离海洋，故出现曲流地貌发育和受潮汐影响不明显等特征。

第三节　开垦中国地理学研究的荒土

> 黄秉维深感责任重大，他唯一能做的就是当好开路先锋，参考国外的研究而逐渐探索出自己的研究方向，拨开云雾，开垦我国地理学研究的荒土。

刻苦求学

在那个战火纷飞的年代，我国的地理学研究几乎是一片空白，缺乏足够的资料和研究数据，就像一片待开垦的荒地，杂草丛生，更不用说种植庄稼。此时，黄秉维深感责任重大，他唯一能做的就是当好开路先锋，参考国外的研究而逐渐探索出自己的研究方向，拨开云雾，开垦我国地理学研究的荒土。他以坚定的信念和决心，仅用了四年的时间，不仅全面掌握了国外研究的精髓，而且还发现了它们的不足之处。

在四年的学习过程中，黄秉维逐渐意识到自然地理学的教学和研究方法存在一定的局限性。在日常的研究工作中，研究人员需要借鉴其他学科的知识，尤其是数学方面的知识，比如在海崖形成的研究中，数学方法的应用是不可或缺的。然而，黄秉维发现自己在这方面的知识储备相对不足，这使得研究工作在一定程

18 强对流天气

强对流天气指在强烈的对流作用影响下形成的天气系统，常伴有狂风、暴雨，甚至形成冰雹和龙卷风。例如，夏季午后近地面的空气受热急速膨胀上升，上升至一定高度后随着气温下降而凝结成水滴急速下降所形成的强降雨天气。强对流天气属于中小尺度的天气系统，一般空间尺度小，持续时间短，但因伴随着巨大的能量交换和释放，而往往对工农业生产、交通运输、建筑设施和人民群众生命财产造成严重威胁。

度上受到了阻碍。因此，他决定采取行动来扩充自己的数学知识储备，常常利用课余时间自学微积分，希望通过这种方式来提升自己的数学水平。

除了追求知识的完善，黄秉维还强调深入研究自然现象成因的重要性。在收集资料和进行实地考察的基础上，他意识到要更加全面地了解和探究自然现象的成因，需要考虑各种因素，包括温度、湿度、地壳运动和气候等。这样的研究方法可以使研究成果更具有说服力和客观性。然而，黄秉维也指出，现有的研究还存在许多不足。例如，学界对于地貌形成的内在原因和外在原因的了解还不够深入和全面，因此需要进行严谨的科学试验来验证相关结论。否则，研究结果可能会有偏差，从而影响研究的准确性和权威性。

19 东江流域强对流天气的形成

东江流域强对流天气的形成，受气候条件和下垫面的双重影响。首先，东江流域主体位于南亚热带季风气候区，对流旺盛，且濒临南海，水汽充足，海洋性气候特征明显。其次，东江流域地势东北高、西南低，各地受热严重不均。最后，该流域地形对气流的抬升作用和境内星罗棋布的水库对水汽的补充，使此地区容易产生低层涡旋对流，为强对流天气的形成提供了有利的条件。

始终牢记自己的初心

黄秉维在选择中山大学地理系时，心中充满了"科学救国"的理想信念，这种信念源于他对国家发展的深刻关注和对科学技术的无限信任。黄秉维对地理学的热爱和追求，展示了他对推动国家发展的使命感和责任感。随着思想的成熟，他对地理学的研究也日益深入，不仅对我国的地理学科学水平和理论有更深刻的认识，也更加意识到其有待提高和完善的地方。如他认为白吕纳教授研究的"三纲六目""居地界限"等研究内容，虽然具有一定的实用价值，然而这些研究成果如何与科学救国联系在一起，如何应用到百姓日常生活之中，这些问题困扰着黄秉维。他经常思考着诸如"地理学知识如何救国"等问题，这也促使他更加努力地进行探索和研究。

在中山大学四年的学习期间，黄秉维积极参与了多项科研项目，然而他始终牢记自己的初心——以科学报效祖国。对于外籍

20 飑

东江流域在春、夏季，经常会出现风向突变、风速增加、温度骤降和狂风暴雨的天气现象——飑。飑经过进一步的发展，就会形成破坏力更大的龙卷风或冰雹。强对流天气会毁坏庄稼，破坏房屋，造成牲畜或者人员伤亡，因此它被列为仅次于热带气旋、地震、洪涝之后的第四位具有强大杀伤力的灾害性天气。

教授的科研要求，他保持高度警惕，担忧自己的研究成果可能被利用，成为列强侵略中国的手段。例如，德国地理学家克勒脱纳教授要求他研究羚羊峡的成因并绘制地貌图；卞莎教授要求他调查客家的迁移路线并绘制交通路网。尽管黄秉维对这些教授充满敬意，但出于保护祖国领土安全的目的，他不得不托词谢绝。

在国家处于列强环伺、国力衰微的背景下，黄秉维深知自己能做的贡献有限，但他坚决不能让自己成为列强的帮凶。否则，他将违背自己的理想信念。

一篇高分毕业论文

1934年，经过四年的学习，黄秉维即将从中山大学地理学系毕业。为了完成毕业论文，他深入惠州西湖和铜湖之间的区域，进行了为期一个月的实地调查。在这期间，他凭借一些简单的工具，如锤子、指南针、倾角仪、干湿球温度表、空盒气压表等进

21 大亚湾的形成

大亚湾位于惠东、惠阳和深圳之间，东靠红海湾，西邻大鹏湾，濒临南海，是广东沿海的一个由南向北嵌入陆地30余千米的典型亚热带溺谷海湾，是南海向陆地延伸最深入的部分。大亚湾的形成主要与3条断裂带有关：北岸为东西向的霞涌断裂所控制，西岸为中央列岛的北西向小断裂所切割，南部为平海断裂所围限。这些断裂带使其自冰后期的一次海侵后逐渐形成今日所见的海湾。

行研究。然而，仅有这些简单的工具是难以在地理学研究中提供充足的支持。此外，当时惠州西湖和铜湖之间的地域缺乏完备的气象、水文记录和人口统计数据，黄秉维对土壤知识的了解也不够深入。尽管面临诸多困难，他仍然尽力而为，最终提交了一篇题为《惠州西湖与铜湖之间地形》的毕业论文。

在黄秉维担忧论文能否通过评审的时候，卞莎教授给了他出乎意料的97分，这是历年来学生少有的高分。然而，尽管论文获得了高分，黄秉维仍然感到遗憾。他认为这篇论文并非真正的毕业论文，因为它忽视了地形成因和人为因素，更像是一篇地质调查报

1980年，黄秉维（前排左五）出席中国地理学会第四届年会，与中山大学校友合影

告。这个遗憾坚定了他对地表综合研究的决心，他深知在当时的情况下，地理学研究理论和方法的落后使得科学研究与实际应用之间存在巨大的鸿沟，这些鸿沟需要他们这一代人去填补、跨越。

坚持真理，勇于挑战已有理论

在科学研究中，坚持真理是一种可贵的品质。只有通过不断地探索和实验，才能得到真实可靠的数据和结论。然而，有时候，我们会被已有的理论所束缚，不敢挑战传统的观念。勇于挑战已有理论，不仅需要勇气，更需要扎实的专业知识和严谨的科学态度。

大学毕业后，黄秉维有幸与当时已声名卓著的李四光先生一同考察庐山冰川地貌。作为一位初出茅庐的年轻人，黄秉维本应保持谦逊、虚心的态度，然而他的性格却较为直率、果敢。在与李四光先生探讨庐山冰川地貌的观点时，黄秉维发现彼此的见解几乎完全相反，他毫不畏惧地表达了自己的怀疑和反对意见。面

22 "海上小桂林"

大亚湾拥有近1000平方千米的水域面积，是南海向陆地延伸最深的海湾。东部海岸线较平直，并普遍保留有低位海蚀平台；西部海岸线则曲折多变，深入陆地的小内湾尤其多。主要港湾有烟囱湾、巽寮湾、范和港、澳头港、小桂湾、大鹏澳等，湾内岛屿众多，有大甲岛、穿洲岛、三门岛等岛屿和岩礁上百个，因此大亚湾享有"海上小桂林"之称。

对这位"初生牛犊不怕虎"的年轻人，李四光先生并没有生气或觉得不妥，反而展现出一种宽容和虚心的态度，详细阐述了自己的观点和理由，对黄秉维十分客气。

李四光先生的包容和气度让黄秉维深感敬佩。这次经历让黄秉维明白，在学术研究中不必过分拘泥于权威，而应勇于挑战已有理论，坚持真理。在此之后，黄秉维不仅对李四光先生的观点提出过质疑，也对其他国内外学者的学说、定论提出过质疑。例如，他在《山东海岸地形初步研究报告》和《山东海岸地形研究》中，对德国地理学家李希霍芬（F. von. Richthofen）关于中国长江以北海岸属于上升性质的观点提出了质疑，并首次提出山东海岸属于下沉性质并给出了证据。

黄秉维之所以敢于这样做，是因为他一直秉持着实事求是、坚持真理的学术原则。他曾明确表示，我国幅员辽阔，未经过研究的地理问题众多。他之所以选择地理学，就是希望通过客观事实，在地理思想和地理方法上有所发明、创新。虽然可以借鉴欧美学术派的精华，但不必囿于成说，这样才会有所进步。

23 大亚湾的潮汐现象

　　大亚湾内潮汐属不正规半日潮。涨潮时，外海潮流自中央列岛东、西两侧进入湾内，到湾顶向西流动，形成逆时针环流；落潮流经中央列岛东侧流出，部分经大鹏澳深槽南退，湾顶落潮向东流动，形成顺时针环流。

扫码听书

第三章 毕业后的选择

无论是哪种选择，都需要我们付出努力和坚持，需要对自己的选择有信心和决心，不断学习和成长，才能在未来的道路上取得成功。

——黄秉维

惠州海边景区

第一节　前途在何方

对于研究生阶段应该选择怎样的研究方向、怎样进行研究才能为祖国做出贡献，黄秉维仍然感到十分迷茫。

北平地质调查所

刚毕业时，黄秉维对于未来的职业道路感到困惑和迷茫。早在惠州西湖进行毕业论文考察期间，他就曾不断扪心自问：四年的勤奋学习和艰苦跋涉难道就这样结束了吗？我所有梦想难道都无法实现了吗？我可以选择留在学校担任助教以谋求生计，然而这样的选择是否对得起国家，对得起父母，又是否符合自己当初的坚定信念？

为了未来的前途，黄秉维四处寻找机会。他曾考虑前往两广地质调查所担任调查员，但最终未能实现。他也曾与实习过的香港天文台联系，但由于各种原因未能成行。在他犹豫不决的时候，卞莎教授推荐他申请北平地质调查所的研究生，并顺利获得

24 惠州市

惠州市位于广东省东南部，属珠江三角洲东北、东江中下游地区。惠州市土地面积11347平方千米，海域面积4520平方千米，海岸线长281.4千米，是广东省海洋大市之一。惠州市处于华南褶皱系大地构造单元，地质构造和地层岩性复杂。地质构造以北东走向断裂构造为主，褶皱次之，主要断裂构造有罗浮山断裂带、紫金-博罗断裂带、莲花山断裂带。惠州市地质构造发育良好，成矿条件较好，矿产资源种类较多。惠州市管辖惠城区、惠阳区、惠东县、博罗县、龙门县。

了通过。因此，他最终决定继续在原来的领域深造。然而，对于研究生阶段应该选择怎样的研究方向、怎样进行研究才能为祖国做出贡献，黄秉维仍然感到十分迷茫。每当面对师长、亲友对他能够到北平地质调查所攻读研究生的祝贺时，黄秉维总是以淡然的态度应对。他的心情沉重，因为他深知自己的未来仍充满了未知和挑战。

1934年，21岁的黄秉维正式踏入北平地质调查所，由此踏上了他人生中全新的一段旅程。

北平地质调查所是一个历史悠久的地质调查机构，成立于1913年，是近代中国的第一个地质调查机构。该机构的主要任务是进行地质调查、矿产资源勘探和地质科学研究，为中国的地质事业做出了杰出的贡献。黄秉维后来回忆，他在大学念书时，即曾读过翁文灏写的地质地理文章，知道地质调查所是当时成绩比较显著的机关。

25 惠州市地貌

惠州北依九连山，南临南海，为粤东平行岭谷西南端，地貌大部分属中低山、丘陵地貌。地势西北、东北部高，向中部东江倾斜。境内主要山脉分属天堂山脉、罗浮山脉、白云嶂山脉、莲花山脉和南部海岸山脉。惠东县境内莲花山主峰海拔1336.2米，为全市第一高峰。中部主要为沿江冲积平原和东江、西枝江及其支流侵蚀、堆积形成台地、阶地。南部临南海，岛屿星散分布，海岸线曲折多湾。

东江地理小百科

进入地质调查所不久，黄秉维便接到了第一个任务——与地质学家陈国达一同前往山东，对当地的海岸地貌进行考察和研究。

在启程之前，翁文灏先生向黄秉维和陈国达详尽地介绍了山东东部的地貌情况及相关问题，并要求黄秉维在出发前先在北京附近熟悉各处地文期的剖面。翁文灏先生不仅悉心指导黄秉维需要注意哪些问题，还提出了许多宝贵的建议。

在恩师翁文灏的殷切嘱托和无尽期盼中，黄秉维动身前往山东海岸，由此开始了他的地质生涯中的重要篇章。

艰难的海岸考察

黄秉维将山东海岸地形作为科研课题是经过慎重考虑的，该决定受到多方面因素的影响。首先，他曾经与卞莎教授在广东和香港地区就海岸升降问题进行了多次研讨，积累了一定的

26 惠州平原

惠州平原即以惠州惠城为中心的冲积平原，包括东江与西枝江中下游的低平地区，其中以西枝江中下游泛滥平原为主。该平原面积宽广，海拔一般为13~15米，中间夹杂台地和残丘。在地质构造上，惠州平原属于紫金-惠阳坳陷断层。受水平地壳运动的影响，该地域于古近纪开始发育，并沉积了古、新近纪红色岩系层，因此平原基底以红色砂砾岩为主，上面覆盖着肥沃的冲积层。

经验。其次，当时的国际地理学界对海岸地貌形成的内外因素的研究已经相当成熟，有充足的参考资料。此外，本项研究的对象相对简单易掌握，因此研究出成果的概率更大，且研究成果如果能够得到实际应用，将为积贫积弱的祖国提供有益的帮助。这与黄秉维"科学救国"的心愿相符。最后，黄秉维希望通过该课题验证自己的观点，他对德国地理学家李希霍芬教授认定的中国南方是下沉海岸和北方是上升海岸的结论产生过怀疑，希望通过自己的研究进行验证，为我国的海岸地形研究出一份力。

山东海岸的形成原因一直是学术界的热门话题。黄秉维先后两次赴山东进行实地考察，深入探究海岸形成的原因。经过这两次考察，黄秉维得出结论：山东的海岸属于下沉式。这与此前外国学者认为中国北方海岸是上升海岸的观点不符。

然而，对于这种下沉式海岸的具体形成原因，以及它是否与

27　洪患频繁的惠州平原

惠州平原拥有悠久的农业开发历史，是东江流域主要的产粮区和经济作物种植区。不过，由于地势低平，而西枝江上游山地又多暴雨，每逢雨季，山洪暴涨，大量河水汇集而下，河床淤浅，加上东江下游潮水的顶托作用，这里容易洪水泛滥。1985年，在西枝江上游地区建成的白盆珠大型水库，很好地解决了惠州平原的洪患问题。

第四纪冰期存在必然联系，黄秉维在当时的研究条件下无法得出确切的结论。同时，由于缺乏海底地形图，且当时世界地理学界对于海面上升幅度存在意见分歧，黄秉维难以找到充足的资料来证明或否定任何一种推论，研究陷入了僵局。

按照当时著名的海岸地貌学家约翰逊（D.Johnson）的研究方法，要确立一个结论，必须先否定所有可能的推论。然而在当时的条件下，黄秉维无法推翻所有可能的推论。因为海岸研究缺乏现成的测定资料和测定设施，仅凭短期考察提出有意义的建议是不可能的。因此，黄秉维的研究在当时陷入了被动之中。尽管如此，他依然在有限的条件下努力推进着研究。

找出了山东海岸为下沉式的重要证据

经过近一年的考察和研究，在1934年的冬天，黄秉维撰写了第一篇山东考察的报告。在黄秉维自己看来，这份分成两部分的

28 白盆珠水库

白盆珠水库，位于惠州西枝江上游，是粤港澳大湾区第一大水库，也是惠州最大的人工湖。该水库于1985年建成，长达30多千米，最宽处5米，流域面积为856平方千米，最大防洪库容为12.2亿立方米，是集防洪、灌溉、发电和改善航运等功能于一体的综合利用大型水库。白盆珠水库的水源主要有6条河流，分别是横瑶河、新丰河、横坑河、石头坑河、坑屯河与芋坑河。

报告略显简单，前半部分叙述观察到的现象，后半部分说明这些现象。但报告在发表后，得到了众多学界前辈的肯定和大加赞誉。面对这样的嘉勉，黄秉维认为自己需要做的还很多，这份简单的报告与真正完整的报告相比还差很远。于是，第二次的报告黄秉维并没有选择发表，只是送了一份给研究单位的图书馆存档而已。

为期一年的考察结束后，尽管结果与当初选择研究山东海岸的初衷和目标还有所差距，不过黄秉维在非常有限的条件下硬是坚持了下去，不负恩师所望，提出了山东海岸为下沉式的重要证据，修正了德国地理学家李希霍芬关于中国长江以北海岸属于上升性质的论点。

1935年，黄秉维在中国地质学会年会上发表了上述关于中国海岸地貌问题的重要学术观点，引起与会者的关注，会后他即应

29 莲花山白盆珠自然保护区

莲花山白盆珠自然保护区位于惠东的东北部，西枝江上的白盆珠水库库区内，由原莲花山市级自然保护区和原白盆珠水源林市级自然保护区合并而成，2004年经广东省人民政府批准升格为省级自然保护区。该保护区的保护对象是南亚热带常绿阔叶林、珍稀濒危动植物、内陆湿地生态系统、候鸟栖息繁衍环境、水源涵养林以及水资源。该保护区是粤东森林植被保存较好的地区之一，总面积约140.34平方千米，其中核心保护区面积67.3平方千米。

著名学者、北京大学地质学教授丁文江的邀请，参加《中国地理》和《高中本国地理》的编撰工作，并成为中国地质学会会员。在这个过程中，黄秉维的学术思想也逐渐形成体系。

30 白盆珠温泉

　　白盆珠盆地位于西枝江上游，是受五华-深圳断裂带影响而形成的坳陷盆地。该盆地被白马山、莲花山所包围。白盆珠温泉就处于这个盆地内部。

　　白盆珠温泉位于惠东白盆珠镇，是一处因断裂带构造而形成的温泉。温泉水平均温度为51℃，水温低者可游鱼，水温高者可泡熟鸡蛋，平均日流量为5000立方米。温泉水清澈明净，含有丰富的偏硅酸钠、氯等无机物，若人们长期浸泡可起到强身健体的作用。

第二节　编写《中国地理》

1936年1月，黄秉维完成了编撰工作的关键环节，并按照工作安排前往南岭进行考察。

编撰《中国地理》

1935年年初，正当黄秉维在撰写第二篇山东海岸研究报告之际，丁文江接受了撰写《中国地理》的任务。为了更好地完成这项工作，丁文江决定先写一本关于中国地理的长编。由于长编需要大量的参考文献、数据和详尽的解释，丁文江首先想到了黄秉维，决定邀请黄秉维加入编写团队，并要求黄秉维在完成山东海岸研究报告之后，立刻赶到南京，由自己来指导他进行编撰工作。

在完成第二篇山东海岸研究报告后，黄秉维毅然决定前往南京，与丁文江先生进行深入交流。在这次会面中，他向丁先生详细阐述了他对于编撰长编的构想，其中，该长编的中国地理区划部分被视为整个项目的核心。

丁文江先生对黄秉维的构想表示了肯定，并指出，在地理区域划分方面，翁文灏先生和李庆远先生的研究成果可以作为编写

31 苏东坡与惠州西湖

"三处西湖一色秋，钱塘颍水更罗浮。"惠州西湖在历史上曾与杭州西湖、颍州西湖齐名，三者都曾是北宋大文豪苏东坡被贬放的地方。惠州西湖历史上曾是一片狼虎出没的草丛洼地，因州守陈偁用心经营，使之"施于民者丰"，名为"丰湖"。苏东坡在《赠昙秀》中第一次将"丰湖"题为"西湖"。

的基础，然后通过补充、修订和引申相关资料，全面展现我国区域的轮廓。这样做的目的就是通过直观的展示，对我国地理区域进行有效的、合理的划分。

当然，丁文江也提到，对于淮河以北的地区来说，这种展示相对简单，因为那里的地貌和地理环境相对单一。但对于南方地区而言，由于其地形地貌复杂，包括丘陵地带、山地、高原、沼泽、湖泊等，难度就比较大。尤其是南岭地区的地形十分复杂。从地理角度来看，南岭是两广丘陵和江南丘陵的分界线，同时也是广东和江西、湖南的分界线，更是长江流域和珠江流域的界线；从气候角度来看，南岭是南亚热带和中亚热带的分界线。因此，如果未能充分了解和掌握这些地域上的差异，就无法对我国的地理区域进行正确的划分。

此外，丁文江先生还谈到了水利、矿产和文化起源等研究的重要性。这些问题中的很大一部分是黄秉维之前没有考虑到的。在丁先生的提示下，这些问题变得清晰起来。黄秉维深刻地意识

32 惠州西湖

惠州西湖西面和南面群山环抱，北依东江，湖面面积约为3.2平方千米，湖水深浅不一，平均深度在1.5米。惠州西湖分为5个相通的湖面——丰湖、平湖、鳄湖、菱湖和南湖，有烟霞桥、拱北桥、西新桥、明圣桥、圆通桥和迎仙桥6座桥将它们相连。

到，与大学毕业时对未来何去何从、踌躇难决的心态相比，他已经坚定了自己科学救国的决心。在丁先生的指导和帮助下，他相信所有问题都可以得到解决。

南岭考察

1936年1月，黄秉维完成了编撰工作的关键环节，并按照工作安排前往南岭进行考察。然而，就在这个时刻，一个令人悲痛的消息传来，指导黄秉维撰写长编的丁文江先生，因煤气中毒不幸离世。这给整个编撰工作带来了无比巨大的损失。

丁文江先生的离世使黄秉维深感生命的脆弱，同时也促使他更加专注于工作。编撰工作转由翁文灏先生接手指导，黄秉维承担起了主要的编撰重任。

翁文灏先生因工作繁忙，且对黄秉维的能力和自觉深信不疑，所以从不主动过问其工作，只是在出差或空闲时，才会写信

33 高榜山

高榜山位于惠州西湖和红花湖两大风景区之间，海拔200多米，地貌以中低山为主，地势起伏较大。因坡陡峻，峭壁如挂榜之处，寓意惠州考生能高中金榜，故名"高榜山"。此山被誉为惠城的"绿肺"，设有国家级森林公园。青翠茂盛的树木使高榜山犹如一道绿色屏障横亘于市区西南面，山中还有大叶黑桫椤等国家重点保护野生植物。

告知黄秉维应完成的任务。这使得大部分编撰工作落在黄秉维的肩上。黄秉维不仅需要进行现场调查，还需进行理论补充、证据搜寻等工作，这些对于书籍的编撰至关重要，黄秉维必须加倍努力去完成这些任务。

同时，翁文灏先生特别指示黄秉维要充实各类自然现象的知识，熟悉中国地理资料，并要求他编制地理区域图。这无疑为黄秉维带来了新的挑战。因此，他不断加紧补习许多学科知识，还利用三个多月的时间，穿越江西、湖南、广东与广西四地交界，对南岭地区开展了深入、细致的调查。南岭调查结束后，黄秉维综合分析考察调研数据和资料得出结论：南岭是地形复杂且具有重要军事作用的山脉分水岭。这一结论为他的工作增添了浓墨重彩的一笔。

34　飞鹅岭

飞鹅岭位于惠州惠城，紧邻惠州西湖，坐落在南湖西面，面积1平方千米，高70多米，形似飞鹅，是惠州古城的天然屏障。此山曾是兵家重地，扼守着惠州的南大门。据南宋地理学家王象之在《舆地纪胜》中的记载，相传古代有一位仙人骑着木鹅从遥远的北方飞来，看见惠城山清水秀，便降落于湖中不再离去，而他的木鹅幻变成飞鹅岭横卧于湖滨，惠州因此亦称"鹅城"。

飞鹅岭原来三面环水，近年来由于湖面淤积，山体四周已逐渐变为陆地。"飞鹅览胜"是惠城著名的景点之一，人们登上飞鹅岭，即能把西湖景色一览无余。如今飞鹅岭已被规划为公园。

不断拓宽自己的知识视野

1935年8月，由翁文灏筹划并成功募捐购买了一块位于今南京地质陈列馆至南京无线电厂范围内的地皮（当时被称为"水晶台"），并在此建造了陈列馆大楼、图书馆等建筑，北平地质调查所也随之顺利迁至南京。

在南岭考察结束后，黄秉维返回南京继续学习和工作，深入探究了经济地理、中国矿产等内容，与一群志同道合的地理研究同行一起，不断汲取百家之长，共同进步。

黄秉维常常与舍友孙健初、毕庆昌等进行频繁的学术交流，共同探讨解决各种疑难问题。同事黄汲清对中国煤田有独到见解，给黄秉维编书和学习矿产知识提供了实质性的帮助。

无论是学习还是研究，都需要经历一个广泛吸收多元经验的过程。只有不断拓宽自己的知识视野，才能丰富自己的学识，并在此基础上构建起自己的理论体系。

35 潼湖水

潼湖水发源于惠阳洋坑背，河段大部分在惠城，自东向西流经镇隆、陈江、潼湖、华侨农场、部队军垦场等地，然后进入东莞境内，流经桥头、谢岗、常平等地，于东莞陈屋汇入石马河，是东江的二级支流，河长58千米，流域面积约494平方千米。潼湖水中游段是惠城重要的潼湖湿地。

在地质调查所期间，黄秉维得到了丰富的实践经验。这些经验不仅加深了他对土壤学的理解，还为他后续的学习和研究打下了坚实的基础。

在大学期间，黄秉维选修了植物学和植物地理学课程，这为他认识更多的植物种类提供了基础。然而，当时的学习仅局限于广东地区的常见植物。为了补充更多的植物知识，翁先生向黄秉维介绍了卜凯教授。

卜凯教授当时正在主持我国土地利用调查工作，他的图表和报告初稿已经完成。黄秉维曾与卜凯教授进行深入交流，并阅读了他的全部稿件。这不仅扩展了黄秉维的知识领域，还让他对农村的社会经济问题有了更深入的了解。

此外，沈宗瀚先生也向黄秉维传授了许多关于农业的知识。这些经历使黄秉维在两年内获得了丰富的知识和经验，不仅充实了他的学识，还培养了他在这一领域建立自己的理论体系的能力和信心。

36 潼湖湿地

湿地是指富含水分的土地，包括沼泽、泥炭地和水域地带。潼湖湿地是广东为数不多的内陆淡水湖泊湿地之一。这片湿地的核心面积约为6.7平方千米，流域面积约为4.23平方千米。潼湖湿地主要是在潼湖盆地中积水而形成的，而潼湖盆地是在紫金－五华断裂带影响下形成的次级断陷盆地。

将云贵高原一分为二

在卜凯教授等人的指导下，黄秉维很快就完成了《中国地理》"植物"一章的初稿。翁先生随即将初稿寄送给胡先骕先生进行审阅。胡先生在很短的时间内便完成了审阅，并根据实际情况提出了许多修改和补充意见。他列举了一些供黄秉维参考的文献，还对黄秉维的编撰工作给予了肯定，在意见的字里行间洋溢着奖掖后学的深情。

此外，黄秉维与奥地利学者魏斯曼教授也常有往来，并一起在南京郊区进行考察。魏斯曼教授在欧亚大陆植被与气候方面下了不少功夫研究，有许多独到的见解。黄秉维在和魏斯曼教授交往中学习到了不少知识，这使得黄秉维能够较好地梳理气候与植被分布之间的关系，并间接地帮助他完成了"气候""植物"这两章的编撰。

经过一段时间的努力，黄秉维的书稿已经有了很大的进展，完成了"气候""水文""土壤""植物""地理区域"五章初

37 **潼湖湿地类型**

它有着完整的湿地生态系统，包括4个湿地类型——湖泊湿地、河流湿地、基塘湿地和水库湿地，主要发育有赤红壤和潮沙泥土，潼湖水流经其中。

稿的编撰。为了这五章内容的编撰，黄秉维每天都在图书馆里披沙拣金，甚至为了一个理论依据，或者一篇相关文献，不得不耗费好几天的时间。即便如此，一无所获的情况还是会不时发生，尤其是东北、蒙新、青藏等地区，报道本来就很少，又散见于许多很难找到的文献中。因此，黄秉维想尽一切办法，力求完整地搜集各种资料，充实自己的书稿。

在书稿中，黄秉维还改变了过去将云贵高原合二为一的做法，根据云贵高原的土壤、气候、地形以及农业的差异性，将云贵高原一分为二。这在中国地理学界甚至在世界地理学界，都是一个创举。就这样，黄秉维在艰难中一步步前行，书稿也渐渐成型了。

然而，1937年11月，日本侵略者攻占上海，逼近南京。为了逃避战火，地质调查所不得不和其他大学、政府机构一起南渡，从南京迁往长沙等地避难。黄秉维也不得不暂停手上的工作，随地质调查所南迁。对于书稿，黄秉维只得再择时机完成后续的编撰。

38 潼湖湿地自然保护区

潼湖湿地自然保护区内共有维管植物64科155属203种，这些植物多为典型的湿地植物。多样植物吸引了近百种鸟类到此栖息，使潼湖湿地成为名副其实的"鸟的天堂"，是候鸟的重要停歇地和栖息地。潼湖湿地还有鱼类、爬行类、两栖类等野生动物，其中包括国家二级保护野生动物褐翅鸦鹃与虎纹蛙，广东重点保护陆生野生动物黑水鸡、白翅浮鸥、苍鹭、大白鹭、中白鹭、牛背鹭、夜鹭等。

第三节　浙江大学的"教书匠"

如果要用两个关键词概括黄秉维对待教学工作的态度，"工作负责"和"善于思考"无疑是最为恰当的。

任教浙江大学

在撤出南京后，地质调查所先是迁至湖南长沙。然而，由于日军侵略日益加剧，我国大部分沿海地区已沦陷，对内陆构成严重威胁。因此，到了1938年，出于安全考虑，地质调查所不得不迁至重庆北碚。

1938年的黄秉维

频繁的迁移不仅打乱了黄秉维研究工作的节奏，而且造成了经费供给的中断。到1938年年底，地质调查所的绝大部分经费已经枯竭，《中国地理》的编撰工作已无法继续，黄秉维的生活也陷入了困境，面临着衣食不足的问题。

为了解决黄秉维的困境，翁文灏将他介绍给时任浙江大学校长竺可桢，并安排他在浙江大学任教。此时，浙江大学也已西迁

39　石牙山

石牙山位于惠城横沥，是惠城与惠东的界山，海拔695米，是惠城海拔最高的低山。石牙山北面为大岚坳陷盆地，西面是东江东侧的谷地与台地，南面为梁化河谷地。

至广西宜山地区。黄秉维学识渊博、教学认真，使他深得竺可桢先生的信任。从此，黄秉维和竺可桢这两位顶尖学者开始了长达半个世纪的亲密交往。竺可桢先生是一位杰出的地理学家，他对我国气候的形成、特点、区划及变迁等，对地理学和自然科学史都有深刻的研究。

殚精竭虑写教义

在浙江大学任教期间，黄秉维遇到了一个难题：他的口头表达能力相对较弱，在面对众多不熟悉的学生时往往感到不知所措。为了解决这个问题，他采取编写讲义的方法，以确保学生能够充分理解自己的教学内容。他参考了亚历山大·苏潘（Alexander Supan）的《自然地理学原理》和马东男（Martonne）

40 大岚河

大岚河得名于惠城横沥的大岚村，是东江的一级支流。它发源于惠城石牙山，从东南流向西北，在芦洲岚中桥附近有支流军田河汇入，继续流向西北，在岚派村附近汇入东江。大岚河主河道长41千米，流域面积约为225平方千米，流域主要土壤类型包括红壤、水稻土和潮沙泥土。大岚河流域地跨惠城的横沥与芦洲两地，地貌以山地峡谷为主，因此人口密度较低。流域内的河谷平原是惠城北部丘陵区居民唯一的居住、生活、交通和生产用地。流域内现有水库14座，主要为农业提供灌溉用水。

教授的《自然地理学专论》，并尽其所能将他认为学生需要了解的知识涵盖进去。同时，他希望用通俗易懂的语言将地理中的各种自然现象解释透彻。为了实现这一目标，他废寝忘食地加班，不断地完善和补充讲义的内容。此外，他还将自己的研究成果充实到课堂讲授内容中。尽管如此，黄秉维仍然认为自己做得不够好。

为培养人才不遗余力

如果要用两个关键词概括黄秉维对待教学工作的态度，"工作负责"和"善于思考"无疑是最为恰当的。在浙江大学任教的时间里，黄秉维虽然常因时局的动荡而心感不安，但并没有停下探索的脚步。他既要思考如何让学生更快、更好地掌握地理学的知识，又要思考如何让地理学有效地应用于"科学救国"之路上。

41　梁化河

梁化河发源于坪天嶂西南麓，最后经惠阳平潭的新圩村汇入西枝江，主要支流有铜锣陂水、鸡笼山水、大筏水、黄沙河水、衙门沥水、石屋寮水、万松水等。梁化河河道全长41千米，流域面积307平方千米。其上游河床属石质卵石河床，其中叶屋楼村以上河段河床是卵石杂粗沙河床，以下是粗沙河床，比降很大，河床不稳定。星湖至瓦窑村河段不断接纳上游的砂石，河床依然不稳定，因此汛期时，该流域内容易发生山洪水涝。

在黄秉维看来，浙江大学校风朴实开明，课程的设置和选择都比较自由。从地理学应用的角度来说，地理学系应该重视教授土壤、水文、生物等学科，让学生在获取这些知识的基础上，再进行综合性的地理研究。忽略了这一点，地理学将失去存在的依据。遗憾的是，由于师资问题，无论是土壤学、水文学，还是地貌学，在当时的浙江大学都无法开设，多学科学习只是遥遥无期的幻想。

在前几年的研究过程中，黄秉维越来越意识到：土壤、水文、地貌等学科训练得不足，是地理学研究常觉空洞浅薄的原因。另外，如果学生的相关学科训练得太少，势必会导致每一个学科都浅尝辄止，综合研究能力亦会减弱，长期下去将不利于地理学的发展。尽管当时缺少足够的经费，黄秉维还是积极推动地理学系的学生广泛涉猎与地理学相关的学科学习，为培养优秀的地理学人才不遗余力。

42 梁化河流域

梁化河流域主要位于梁化盆地中，属于梁化镇的管辖范围。该流域位于南亚热带季风气候区，生产条件较好，早在20世纪90年代中期就形成了萝卜、梅菜、大蒜和麦豆四大农产品生产基地，近年来又大力发展甜玉米、尖椒、西葫芦等新品种。

选择经济地理学作为研究新方向

地理学与经济学之间存在一定的关联。具体而言，经济地理学是一门以人类经济活动的地域系统为中心内容的学科，它探讨了农业、工业、交通运输业、商业等部门的生产布局和地域组织等情况。在浙江大学任教的四年期间，黄秉维特别关注经济地理学，因受"科学救国"理念影响，特别是在国家危难存亡之秋，他深感自己责任重大。他认为，自己投身地理界已经十年有余，自己的思维模式已经定型，不易改变，所以选择了经济地理学作为研究新方向，以期能够为国家的经济建设做贡献，实现他的"科学救国"梦想。为了进行相关研究，他不辞辛劳地往返于重庆和遵义地区，利用假期时间寻找所需的资料。

43 墩子自然保护区

墩子自然保护区位于惠城芦洲，主要保护对象为南亚热带常绿阔叶林和珍稀动植物。该保护区属于丘陵地貌区，海拔33～338米，总面积约19.23平方千米，核心区面积7.69平方千米。这里原为惠州的国有墩子林场，有林地面积约17.74平方千米：其中常绿阔叶林面积约7.6平方千米，常绿针阔叶混交林面积约3.65平方千米，经济林面积约2万平方米；另有竹林面积约20万平方米。

墩子自然保护区内多有杜鹃花和山稔花，花开时，保护区内漫山遍野都是红彤彤的一片，非常壮观。

20世纪40年代，黄秉维（后排右一）在重庆与家人合影

扫码听书

第四章 在风雨中前行

因为知识有限，千万不要把自己看到的一切东西都当作真理，这样的话是要犯错误的。

——黄秉维

惠州双月湾

第一节　战火中的坚守

黄秉维始终保持着"科学救国"的初衷，专注于自己的研究工作。

追求理想，潜心做科研

1942年，抗日战争进入了相持阶段，黄秉维不畏艰难，坚持在贵州遵义与重庆北碚两地间往返，从事地理科研工作。在此时，他收到一个令他兴奋的消息：翁文灏先生与钱昌照先生正在主持资源委员会的工作，并邀请他在经济研究室负责区域经济研究。该经济研究室的目标是研究战后经济的建设问题，这是黄秉维一直梦寐以求的工作。

在资源委员会中，黄秉维的主要任务是研究自然资源的利用与保护，以支持未来的战后建设工作。他在地质调查所时积累的经验和知识都可以用得上，这让他有了大展拳脚的机会。对于黄秉维来说，这是自抗战爆发以来，他收到的最好的消息，犹如在经历困顿、迷惑之后看到了"柳暗花明又一村"的景象。

44 白云嶂山脉

白云嶂山脉为惠阳与东莞的界山，是惠阳西北部的天然屏障，呈穹窿状隆起，东西长25千米，南北宽13.5千米。它主要为侏罗纪—白垩纪的火成岩经多次侵入或喷出而形成，因此山体大部分被流纹岩或花岗岩覆盖，局部低矮地区分布有红色岩系。山体高峻，海拔800米以上的山峰多达十余座，主峰白云嶂海拔1003米。与东莞、深圳交界的山峰有燕子岩、银瓶咀、狮子岩、亚公山等。

因此，黄秉维返回遵义之后，当机立断地退回了浙江大学的聘书，全身心地投入到资源委员会的工作中。

正当黄秉维满怀信心，准备在资源委员会的工作中大显身手时，他逐渐意识到事情并没有想象中的那么简单。在资源委员会与翁文灏先生的会面中，翁先生作为经济部部长，向黄秉维深入剖析了当时的形势和问题，并指出这些问题对经济发展构成了严重阻碍，然而这些问题并非他作为经济部部长所能单独解决。面对黄秉维这位昔日的得力门生，翁先生只能给予他勉励，鼓励他尽力做好工作，但对于工作成果和前途等问题，并未做出具体回应，仿佛在暗示黄秉维需要做好应对未知挑战的准备。

黄秉维是一位专注于学术研究的科学家，他并不热衷于谈论国家大事。然而，这并不妨碍他追求自己的理想，即通过科学来促进国家的进步和发展。在黄秉维的心中，他始终坚定地相信科学的力量能够为国家带来福祉。因此，他像一辆不知疲倦的疾驰

45 莞惠地区的"绿肺"

白云嶂山脉地区的河流呈放射状，沿着陡峭的山坡由山地中央向四周流出，如镇隆河、清溪河等。由于受暴流、散流的侵蚀，大部分山体已经成为低山丘陵，如东部的笔架山，海拔仅112米。在一些山坡断陷处，河流甚至穿越山地，如淡水河便是自南部的谷地越过山岭向北流入东江。白云嶂山脉是莞惠地区的"绿肺"，这里有银瓶山森林公园、观音山森林公园、清溪森林公园等。

汽车一样，持续朝着自己的目标前进，不断追求"科学救国"的理想。

心无旁骛向前行

法国著名雕塑家罗丹曾说过："世界并非缺乏美，而是缺乏发现美的眼睛。"在这种观念的驱使下，黄秉维在看似单调的工作中，以资源委员会丰富的资料为依托，找到了自己的研究之路。

与浙江大学和北平地质调查所相比，资源委员会的资料数量更多，质量更优。为了更加深入地进行研究，黄秉维全身心地投入这些资料中，把握每一个细节，挖掘其中的价值。

在这里，他有机会与众多经济学家和工程师进行交流，从他们身上学到了很多宝贵的见解。黄秉维虚心向他们请教，而他们也乐于分享自己的知识和经验，这些互动为黄秉维提供了很

46 铁炉嶂山脉

铁炉嶂山脉位于大亚湾北部沿海，在惠阳的沙田、大亚湾霞涌以及惠东的白花一带展布。它是受五华－深圳断裂带影响而形成的地垒式断块、褶皱山地，主要由喷出岩组成。铁炉嶂山脉山体较为完整，侵蚀基面低，切割幅度可达1000米，深沟、峡谷发育，多瀑布、跌水，林木茂密。山地海拔在700～1300米，主峰铁炉嶂海拔743米。

多启示。

虽然没有人给黄秉维设定具体的工作期限和研究方向，但他始终坚定地走在自己的道路上。直到1944年，当时形势仍不明朗——抗战何时结束？结束后的形势如何？建设资金从何而来？规模有多大？这些问题都没有答案。

黄秉维始终保持着"科学救国"的初衷，专注于自己的研究工作。他希望通过自己的努力，为未来的山河建设贡献一份力量。

时局的动荡使得国民政府对地理研究的需求发生了相应的变化。1945年，随着抗战逐渐接近尾声，国民政府开始重视经济地理学的作用，特别聘请黄秉维作为中央设计局的专门委员，组织人员对云南螳螂川流域进行经济地理方面的调查。

47 梅园峡谷

梅园峡谷位于惠阳沙田，因峡谷内古木参天，山泉叮咚，素有"南粤小九寨沟"之称。峡谷两侧巨石嶙峋，悬崖上瀑布飞泻，谷底潭水深不见底，周边岩石多被流水侵蚀而形成独特的湖穴。峡谷向北开口，因此众多溪流汇聚成一条自南向北的干流，汇入北部的沙田水库。由于河床的自然跌落，峡谷形成了一条约50米高的飞瀑，甚为壮观。

梅园峡谷及周边山地是植物的天堂，有国家一级保护野生植物杪椤。此外，这片地区还是留鸟和候鸟重要的栖息地之一。

　　为什么需要对螳螂川进行调研呢？黄秉维经过初步了解，很快就明白了其中的重要性。螳螂川，作为金沙江的支流，全长252公里，是滇池的唯一出口。它从滇池流淌向西北，经过昆明至安宁、富民、禄劝等地，最终在禄劝与东川的交界处汇入金沙江。自古以来，螳螂川作为云南省的第一大河，不仅为农田提供了灌溉水源，滋润着广大的乡村百姓，而且为农业生产提供了保障，在调节滇池水质和防范自然灾害方面发挥了极其重要的作用。可以毫不夸张地说，螳螂川是云南周边地区的"母亲河"。对它开展研究，对区域的后续发展、经济腾飞有着重要的意义。

　　因此，黄秉维没有丝毫犹豫，立即开始着手调查工作。他简单收拾了一些行李，便与调查队一同开赴螳螂川，进行了深入、细致的实地调查。1946年2月，黄秉维完成了这次调查，并提交了一份资料翔实、结论可靠的报告给国民政府。

48 惠东县

　　惠东属沿海山区，地势由东北向西南倾斜。莲花山脉分布在惠东县境北部和东北部，地势较高，是惠东的主要林区，占惠东县境总面积的43%。惠东县中部为沿江平原和丘陵，地势较平缓，土质肥沃，是该地区的主要产粮区和经济作物区，占惠东县境总面积的36%。惠东县南部沿海地势较低，多为丘陵，是惠东的渔、盐生产基地。东江支流——西枝江自东北向西南蜿蜒流经惠东县境。

发起成立科学工作者协会

在螳螂川调查即将结束之际，一则令人欣欣鼓舞的消息传来：日本宣布无条件投降，中国人民终于取得了抗战的伟大胜利！这个喜讯瞬间点燃了各行各业对未来的热切期待。黄秉维也敏锐地意识到，在一个相对和平的环境下，经济发展将成为政府的首要任务。作为一位地理学研究者，他将有更多的机会参与这一伟大的事业。为了使科研工作者能够更有组织、更有纪律地参与到这些工作中来，黄秉维积极联合其他科学家发起并成立了中国科学工作者协会。

1946年秋，黄秉维接到任务，率领团队对长江三峡库区淹没所造成的经济损失进行详细调查。黄秉维以极大的热情和专注投入这项工作中，对库区经济作物、农民收入等数据进行了详尽且

---

49 莲花山山地（西南段）

莲花山呈东北—西南走向，主脉东起梅州大埔，西南至惠州惠东，余脉延伸至深圳东南部，因山体多呈莲花尖锥状成群矗立而得名。这里所阐述的莲花山山地属于莲花山的西南段，介于惠阳与海丰之间，西南起于惠阳铁炉嶂，东北至惠东五马归槽。莲花山山地山体完整，海拔700~1300米，为惠东与海丰、紫金的界山，同名主峰海拔1337米，其他主要山峰有坪天嶂、仙人寨、乌禽嶂、五马归槽、八角坑山、斧头石和铁炉嶂等。

富有洞察力的调查，并迅速于1947年上半年提交了调查报告。他的工作成果不仅为当时的经济建设提供了重要参考，更为后人研究三峡地区经济发展提供了宝贵的资料。

在地理学界崭露头角

1946年，国民政府对资源委员会机构进行调整，经济研究室改为经济研究所，黄秉维改任研究委员。此后，他以稳健的步伐、扎实的学术功底和勤奋的工作态度，逐渐在地理学界崭露头角。1947年上半年，黄秉维在提交了三峡库区淹没经济损失报告后，接受钱塘江水力发电工程处的委托，率领团队对乌溪黄坛口水库、新安江街口水库进行了实地调查。同年8月，他当选为《地理学报》编委，并兼任研究所代理所长。这一时期，黄秉维致

50 莲花山山地的形成

莲花山山地的形成受燕山期岩浆活动影响。这里的山体表现出峭壁尖峰的特点，说明山地内岩浆侵入剧烈，火山喷发亦相当普遍。因此山地除了有花岗岩外，还有石英斑岩、流纹岩、凝灰角砾岩和火山角砾岩等。由于这片山地山势陡峭，山体又接近海岸线，侵蚀基面低，切割幅度大，因此山间深沟、峡谷发育，多瀑布急流。莲花山山地是阻遏东南沿海台风暴雨进入惠东县域的天然屏障，也是西枝江与独流入海的沿海诸河的分水岭。由地貌抬升作用引发的降雨是西枝江的主要补给水源，其中莲花山—芒山嶂北坡存在一个降雨高值区，等降水量线与山地走向一致。

力于推动中国地理学的发展，取得了丰硕的学术成果。1948年年初，他率队搜集了黄河流域自然条件、水土流失、农业等方面的资料，并进行整理、研究。同年，资源委员会迁入上海，留守人员组成"资源委员会保管委员会"，黄秉维任副主任委员。在此期间，他完成了《中国铁矿区域》《中国煤矿区域》等多部与国民经济密切相关的学术论著，收获颇丰。

51　燕岩洞

　　燕岩洞位于惠东梁化林场的燕岩山上，属于天然石灰岩洞穴，因洞穴深处生活着成群的果蝠（石燕）而得名。燕岩洞内既有奇石突出，又有钟乳石悬垂，还有光滑柔和、颜色各异的天然"壁画"。如岩洞中的"彩凤朝阳"，就由棕白相间的天然岩石勾勒出彩凤的昂扬的头部以及修长飘逸的尾部，犹如正飞翔于半空，活灵活现，惟妙惟肖。

第二节　新时代，新任务

对于建立地理研究所这一提议，黄秉维非常赞同，并提出了三个具体的任务：黄河中游山峡之间峡谷土壤侵蚀的研究、南方山地利用以及厂址选择。

最好的调查报告

1949年4月，中国人民解放军发起了"百万雄师过大江"的大规模进攻，以不可阻挡的力量突破了长江天堑，顺利解放南京。解放军接管了南京的资源委员会，并成立了专门的"资源委员会保管处"。由于黄秉维认真负责的工作态度，受到了公众的广泛认可，保管处决定任命他为副处长。

随后，南京市人民政府成立了生产建设研究委员会，主要职责是研究农业问题，同时对南京工业进行深入调查。黄秉维因在经济地理领域取得了突出成就，被南京市人民政府任命为生产建设研究委员会副主任，负责组织相关研究人员对民营工业进行调查。

尽管黄秉维在经济地理领域有深入的研究，并出版了一些学术论著，但在工业调查方面，他仍然缺乏相关的经验。为了顺利

52 乌禽嶂山脉

乌禽嶂山脉位于惠东东北部与紫金交界处，为中生代花岗岩沿东西走向断裂带侵入而隆起的山地。山体由花岗岩、石英斑岩、凝灰熔岩、砂岩、页岩等组成，群山连绵起伏，山峰海拔一般在500米以上。其主峰乌禽嶂因岩石突兀似屹立猛禽而得名，海拔1186.2米。海拔1000米以上的山峰还有乌禽嶂二嵕、迎排石、坪天嶂、石人嶂、十二指排、仙人洞漆、杨桐嶂等。

完成工作，他凭借过去所学的经济和地理知识，一边摸索一边前行。南京在经历了抗日战争和解放战争后，仅存的工业以进行产品加工的小工厂为主，其他工厂基本处于停顿状态。这样的调查看似简单，但对黄秉维来说，这是第一次将理论应用于解决实际问题。

调查报告提交后，中国科学院经济研究所代理所长巫宝三先生表示，在看过的工厂调查报告中，黄秉维提交的报告是最好的。

开展华东区工矿的普查

在中华人民共和国成立初期，为了实施有效的统一管理，党中央参照军区模式，确立了华东区一级行政区域，其涵盖了上海、江苏、浙江、安徽、福建、山东等地区。1950年2月，华东区工业部应运而生，同时黄秉维被任命为华东工业部工业经济研究所的副所长，主持华东区的经济研究工作。

53 西枝江与秋香江的分水岭

乌禽嶂山脉是西枝江与秋香江的分水岭。其中西枝江一侧位于迎风坡，雨水充足，地势较陡，暴流性强，山坡岩壁裸露，是西枝江的主要水源地。由于冬季缺雨，风大，加上吹扬作用强大，山脉局部有水土流失现象。

在华东区的经济研究工作中，首要任务是对华东区工矿开展普查。工业部从下属的厂矿中调配了70多人参与此项工作，并由黄秉维统一指挥。由于此次活动规模空前，调查对象数量庞大，且调查要求高、时间紧迫、任务繁重，黄秉维感受到了前所未有的压力。为了更好地推进工作，黄秉维让所有参与者在一个

20世纪50年代初的黄秉维

大厅内进行流水作业，并严格审查每一个普查项目。一旦发现任何问题，立即进行复查。尽管大厅内挤满了数十名工作人员，却鸦雀无声，每个人都严谨而积极地投入工作。

54 安墩河

安墩河是西枝江的支流，发源于惠东乌禽嶂西南麓，在惠东黄石径陂汇入西枝江，河流全长51千米，流域面积404平方千米，主要支流有黄割坪水、黄帝田水、牛湖塘水、石珠水、黄竹水、松坑水等。

安墩河属于沿西北—东南走向次断裂带发育的河流，向东南垂直汇入西枝江，因大部分河段位于山区，短小急促，汛期易发生洪涝灾害。安墩河主要流经安墩和多祝两镇，流域内的特产主要有安墩三黄鸡、花生油、安墩乌龙茶等。

东江地理小百科

最终，华东区是五大行政区中最早完成任务的，其工作质量也位居前列。虽然这些普查报告并未第一时间付诸印刷，但黄秉维坚信，这个结果在数年内都具有很高的使用价值。

探究地理学前景

在完成工矿调查之后，黄秉维被调至华东财政委员会担任基本建设处副处长，负责主持华东地区的基本建设计划工作。随着研究的深入，一个问题始终困扰着黄秉维。国际学术界已经认识到"地理学最大的困难就在于不能耕得深又耕得广"，那么地理学的前景究竟何在？尽管通过工矿调查的事情，黄秉维找到了一些方向，但这些调查研究的成果尚未被实际应用，因此前进的方向仍然模糊不清。

> ### 55 九龙峰
>
> 九龙峰位于惠东平山，因山形似九条龙，流传有九龙盘踞的传说，故名。它属莲花山西段，是燕山期岩浆活动的产物。山体以花岗岩为主构成，并伴生有石英斑岩、火山角砾等，因此山峰多表现出峭壁尖峰的状貌，如海拔563米的主峰，挺拔如笔尖，称作"尖笔峰"。山中峡谷发育，谷内重峦叠嶂，沟壑纵横，山顶云海缭绕。
>
> 九龙峰林木茂盛，遮天蔽日，已建有省级森林公园。植被主要为阔叶林、针叶林和针阔叶混交林，主要植物有樟科、壳斗科、桑科、山茶科、芳香科等品种，野生动物有蟒蛇、穿山甲、猕猴等。

1949年11月，竺可桢先生出任中国科学院副院长。此后不久，黄秉维收到了竺可桢先生的来信。信中写道，中国科学院正在筹备建立一个地理研究所，然而学术界对派别问题非常敏感，他认为黄秉维与各个地理机构都能够友好交流，如果他能够担任所长，必能绕开派别问题，让各项研究得以顺利进行。

对于建立地理研究所这一提议，黄秉维非常赞同，并提出了三个具体的任务：黄河中游山峡之间峡谷土壤侵蚀的研究、南方山地利用以及厂址选择。不过，黄秉维仍然陷于对地理学前景的思考之中，对于竺可桢先生的邀请，他有着另外的考虑。

担任地理研究所所长

1950年，竺可桢先生再次向黄秉维发出邀请，希望他能担任地理研究所所长。然而，黄秉维在回信中明确表示拒绝，坚决推辞了竺可桢先生的好意。黄秉维之所以不愿意担任地理研究所所

56 稔（rěn）平半岛

稔平半岛位于惠东东南部，面积约742平方千米。稔平半岛主要由中部的花岗岩山地丘陵和沿海地区的断续平原组成。山地的走向与莲花山一致，呈东北—西南走向。稔平半岛的海岸线长达171.8千米，约占惠州海岸线长度的2/3。其南部、西部均分布有金色沙滩，绵延数十千米，甚为壮观。东北部则有重要的滩涂资源，是惠东的渔场、盐产地。

20世纪50年代，黄秉维（左三）与竺可桢（左二）一起在野外考察

长，主要有以下三个原因：首先，他自认为不擅长管理，对于人事、财务和科研事务的管理感到压力较大；其次，他在华东区的工作进展顺利，希望能为国家的经济建设尽一分力；最后，他担心担任所长后会牵扯到一些派别问题，虽然他并未亲身经历，但

57 盐洲岛

盐洲岛是惠东稔平半岛内海考洲洋中的岛屿，面积约3.35平方千米，因盛产原盐而得名。此岛主要因地壳升降断裂而形成，基岩为砂页岩，岛上较平坦，无山丘分布，沿海多滩涂，有多处红树林保护区。盐洲岛终年温暖湿润，四季绿树成荫，岛内自然景观变化多样，既有曲折的礁石带，又有绵延的海滩。岛上常年栖息着成千上万只鹭鸟。

其他学科的类似情况让他感到担忧。

不过，竺可桢还是觉得黄秉维是地理研究所最合适的领导者。最后，经过双方多次的信件交流，最终决定由竺可桢担任筹备主任，黄秉维任副主任。一年之后，黄秉维被任命为地理研究所所长。

对黄河水土保持问题进行调查

在加入地理研究所后不久，黄秉维便接到了首个任务，即随黄河水土保持工作队对黄河中游的土壤侵蚀与水土保持问题进行调查。对于这项工作，黄秉维给予了积极的认可和支持。事实上，在两年前，他就已经提出应该优先研究这一问题。在北平地质调查所、浙江大学和资源委员会工作期间，他曾阅读过相关领域的材料。然而，这些资料相对较为简略，对农业、生产、经济的指

58 范和港

范和港因范和村而得名，位于稔平半岛西侧，是海洋向陆地延伸而形成的天然水域。其成因主要是沿东北—西南走向隆起的花岗岩地带，受西北—东南走向断裂带影响而产生断陷，又受暴雨的侵蚀切割，地貌变得破碎，于是海水入侵形成天然海湾。

范和港水面面积约为34.5平方千米，港内水深2~6米，出口处水深7~8米。范和港受周边地势影响，共有白云河等6条小支流汇入港湾内。在河流两岸与内港沿海地带，土壤肥沃，有大片的水田和盐田。

1959年，黄秉维（左二）在沙坡头考察

导作用有限。因此，此次调查对于完善相关资料具有重要意义。

不过，此次调查仅仅是一个开始，旨在基于现有条件，对

东江地理小百科

59 考洲洋

　　考洲洋位于稔平半岛东侧，四周被吉隆、铁涌、黄埠三镇所环绕，有狭长的盐港连通外海，属于红海湾深入内陆的典型的半封闭性浅水溺谷型海湾。考洲洋与范和港的成因相似，但考洲洋四周地貌以平原向浅海过渡的滩涂为主。这是因为稔平半岛除了有花岗岩外，还有相当多的页岩，页岩性质较软，易受侵蚀。考洲洋水域面积约为29.7平方千米，其中滩涂面积约有14.73平方千米，水深0.8～11.4米，底部平坦。

黄河中游的水土保持情况进行大致了解，从而为后续的规划研究工作提供依据。通过现场考察，黄秉维发现黄土区与其他地区之间存在明显的差异，主要体现在地面组成物质较为单一，外部力量对地貌形成的影响较为显著，以及坡面与侵蚀沟的发育过程清晰可见。这是黄秉维在参与的调研中，遇到的情况最为简单的一次。在了解基本情况并做好记录后，此次考察活动便宣告结束。随后，黄秉维根据实际情况撰写了考察报告。

随后，黄秉维又接受了竺可桢先生的指派，主持规划黄河流域的水土保持工作。这一任务对于黄秉维来说，既是一次挑战也是一次机会。他将利用这一机会为我国的水土保持事业做出更大的贡献。

60　"半岛之心"

考洲洋是惠州的一块宝地，被称为稔平半岛的"半岛之心"。这里资源丰富，是广东海洋生态养殖示范区，有享誉省内外的铁涌蚝等特色水产品种。近年来，由于无序的开发，考洲洋的生态环境遭到一定程度的破坏。为了改善考洲洋的生态环境，当地不仅大面积地处理了规划区内的违规用海行为，还复种了大片适合当地生长的红树林。考洲洋经过整治后，纳潮量大为增加，水质明显清澈湛蓝了许多，鱼类种群的数量也在逐渐增加。

第三节　洞察乱象的根源

黄秉维深刻意识到，这类工作不是个人研究写文章、单打独斗就可以完成，而是要一群人一起工作，团结一致，如果缺少规章制度、工作程序和方法，事情将会变得很难，担子就会越来越重。

克服双重角色的困扰

在担任地理研究所所长期间，黄秉维面临着身兼所长和研究员双重职责的压力。一方面，黄秉维作为所长，要负责整体工作规划的制定和实施，领导科研人员开展地理方面的科学考察；另一方面，他作为研究员，又要投入大量时间和精力，专注于自己热爱的地理科学研究。因此，黄秉维曾多次向院领导提出辞去所长一职的请求，他表示，所长一职所承担的行政事务繁重，使他无法全身心投入地理科学的研究之中，他担心影响两项工作的表现和成果。然而，由于各种原因，黄秉维的辞职请求并未得到批准。

尽管无法摆脱行政职务的束缚，黄秉维仍然在繁忙的行程中挤出了大量时间进行科学研究，展现了出色的学术能力和勤奋的精神。他克服了会议频繁、行程多变的困难，积极响应并参与了各项地理科学的考察任务，取得了丰硕的科研成果。这些成果不

61 广东惠东港口海龟自然保护区

广东惠东港口海龟自然保护区位于稔平半岛最南端的大星山脚下，主要保护对象为海龟及其产卵繁殖地。

广东惠东港口海龟自然保护区的保护范围为老虎坑至贼澳沿岸25米等深线以下的山地、滩涂及水面4平方千米的海域。这里东、北、西三面圈丘，一面临海，沙滩地势平缓，沙粒细小，利于海龟爬行、挖掘和产卵繁殖，而丰富的海洋资源又利于海龟产卵后的栖息觅食。

20世纪60年代初，竺可桢（左二）、黄秉维（左四）、陈述彭（左三）接待古巴客人

仅体现了他的专业素养和才华，也彰显了他对地理科学的热爱和执着追求。

62 海龟保护

海龟是恐龙时代的幸存者，至今已有2亿多年的历史，被誉为"海洋中的活化石"。它是一种国际洄游的珍稀海洋物种，对出生地极其忠诚：每只小海龟出生后，都奔赴大海，漂流到世界各地，待其成年以后的繁殖季节，又会不远千里地返回出生地产卵繁殖。

广东惠东港口海龟自然保护区所在地在历史上每年的6—9月都有成百上千只雌龟登陆，产卵数量多达数十万枚，但后来由于人为滥捕海龟、乱挖龟卵，登陆产卵的雌龟数量急剧减少。为了拯救海龟资源，政府于1984年颁布了《关于大亚湾水产资源自然保护区管理规定》，并于1986年成立了广东惠东港口海龟自然保护区。

忧心建设中的乱象

1951年，随着中华人民共和国成立后的建设初有成效，各级人民政府开始加大投入，重视各项生产建设，其中最为常见的就是工矿和农场的建设，黄秉维自然也需要参与其中。

经历了战争动荡，国家百废待兴，想要在短时间里恢复建设，必然困难重重。比如，有的地方想要建工厂，按照一般的程序，应该是先确定厂房的位置，然后定制机器，并且根据机器的尺寸预留位置。但是很多地方由于缺乏指导和经验，做法与正确的程序背道而驰，如在建设厂房的时候竟然不考虑机器的尺寸，以至于门框尺寸留得太小，等机器到了才发现根本进不了门，这简直滑天下之大稽。在厂房布置上，很多地方的做法也不符合生产程序的要求，忽略了地基、给水等问题，甚至原料、市场也考虑不周，错漏百出。

> ## 63 博罗县
>
> 博罗县境地势东北高西南低，自东北向西南倾斜，形成北部山地丘陵，间有山谷平原，中部丘陵台地，南部沿东江自东向西有三个小冲积平原。境内自然资源丰富，包括森林资源、农业资源、矿产资源和动植物资源等。山峰有罗浮山、象头山、太阳峰。其中象头山是博罗境内的分水岭，岩壁耸立，山势雄伟奇峻。山上生物资源丰富，植被覆盖率达90%。

就这样，一笔笔好不容易积攒起来的资金就这样被白白浪费。缺乏计划、盲目开工等问题一下子给祖国的建设蒙上了一层阴影。对此，黄秉维忧心忡忡，认为再不加以整顿，将会有更多、更大的浪费。

主持华东基本建设计划工作

1951年，黄秉维受命协助华东财经委员会李人俊秘书长筹设管理机构。对于这项工作内容，黄秉维情绪复杂。一方面他非常高兴，因为这正是他在资源委员会时所要做的工作，同时，将关注点集中在华东区远比放眼全国要更加容易，工作起来也更加有序。另一方面他有点焦虑，毕竟要完成这项工作，困难重重，这和他过去习惯的思考方式不太一样。以前更多的是对上上下下的通盘思考，需要提出一个完整的、有计划性的方案，现在则要花更多的时间处理下级报上来的各种进度不一的计划，其中有的已

64 罗浮山山地

罗浮山山地呈东北—西南走向，断续展布于龙川、东源、博罗等地。这片山地的隆起，主要受燕山期岩浆活动的影响，以及东北向深断裂带的控制。山地的不连续延展，则主要受西北向断裂的支配，河谷发育并切过山地形成峡谷。整片山地因此被分为罗浮山、桂山、项山三个较为独立的小区，其中的罗浮山因优越的地理位置而成为代表。

1962年年初，黄秉维（前排左五）在北京大学地理系讲课后的合影

动工，有的才开始备工备料。

黄秉维深刻意识到，这类工作不是个人研究写文章、单打

东江地理小百科

65 罗浮山

罗浮山属罗浮山山地的南段，位于惠州博罗西北部，南面是东江下游冲积平原，沿江而下可直达粤中地区，西面、北面分别与增城、龙门接壤，东面则以杨村平原为界。整座山体因花岗岩的侵入而呈穹窿状高耸，主峰飞云顶海拔更是高达1296米。山体有多处花岗岩（呈球状石蛋）裸露，垂直节理发育，岩壁峭立，且又在平原之侧，更突显其高大雄伟、气势磅礴。罗浮山恰好位于北回归线上，属南亚热带季风气候区，常年高温多雨，瀑布泉水极为发育，土壤肥沃，动植物资源丰富，垂直地带性非常显著，因此罗浮山一直是岭南的避暑胜地，并以奇峰怪石、飞瀑名泉和洞天奇景而闻名。

独斗就可以完成，而是要一群人一起工作，团结一致，如果缺少规章制度、工作程序和方法，事情将会变得很难，担子就会越来越重。

意识到问题，就要解决问题。为了不让问题变得严重而耽误工作进度，一开始，黄秉维参考了一个仿自苏联的工作草案，并从中学习到计划任务书、初步设计文件、施工详图等的区分及其审批程序，也领悟到了计划中又快又好的原则。不过，这个草案也有不明确、不符合我国实际的地方。为此，黄秉维决定自己编写一个适用于华东区的试用草案。经过一段时间的揣摩和思考，历经多次的讨论和修改，黄秉维最终拟定出一份华东试用草案并上报核备。后来，该草案的大部分内容被采纳，编进了全国修订本中。

66 广东四大名山之首

"罗浮山下四时春，卢橘杨梅次第新。日啖荔枝三百颗，不辞长作岭南人。"苏轼一首《惠州一绝》让罗浮山闻名于世。其实，自东晋葛洪于罗浮山开辟道教南宗灵宝派以来，罗浮山便成为中国十大道教名山之一。其后，罗浮山相继涌现佛教寺院和儒学书院，吸引着历代文人墨客不断探访，留下了大量珍贵的文化遗存，最终罗浮山晋升为广东四大名山之首。

清除队伍中的消极思想

在实际工作过程中，黄秉维越来越意识到，很多时候工作进展困难，往往是由于管理者存在一种消极思想，即"但求无过，不求有功"。这种思想导致他们在面对基层上报的建设计划时，未能从全局角度进行深入的调研和统筹，而只是进行简单的取舍，或仅做一些肤浅的"指示"，提出一些应注意的小问题。然而，这种做法往往导致许多项目在后期才发现存在重大且难以解决的问题，最终被迫搁置或进行大调整，造成人力和物力的浪费。

以黄坛口水力发电项目为例，黄秉维发现该项目存在两个严重问题。一是项目仅计划了发电站建造后的用电需求，而未考虑到相关用电工业的建设问题，也就是说电发出来了，却没有相应

67 罗浮山自然保护区

罗浮山位于南亚热带季风气候区，为亚热带向热带的过渡区，光热充足，降水丰富，植物种类多样，1985年被批准成为省级自然保护区，保护区面积为98.28平方千米。自从东晋葛洪在罗浮山采药炼丹始，罗浮山便以药用植物闻名。其后中外学者纷至沓来，不断在此采集植物标本，于是出现了许多以罗浮山命名的植物，至今仍可认为是罗浮山特有种的植物共计6种。由于长期受人类活动影响，罗浮山的原生植被已多被次生植被取代。

的工厂使用，这将导致电力资源白白浪费。二是选址考虑不周，相关人员未深入调研地基是否存在沉降，以及堤坝建设后是否会给周边环境造成负面影响等问题。遗憾的是，审批人员仅对该计划提出了一些小要求，未能及时发现存在的问题并叫停项目。果然，黄坛口水力发电项目因地质条件考虑不周而出现了问题。

经历这件事之后，黄秉维立刻向上级汇报这类情况，要求加强对项目的审核，特别是项目设立的目的、意义等内容，如为什么做、做的好处是什么等问题，一定要深入探究。与此同时，他积极采取措施，对已经审批但还没有建设的项目开展二次审核，坚决杜绝存在隐患。

68 罗浮紫珠

马鞭草科紫珠属植物属于小型灌木，中国的紫珠属植物主要分布在热带、亚热带地区。罗浮紫珠是以罗浮山命名的罗浮山特有种，主要生长在海拔900米的小溪边林中。

第五章　探大地之理

　　我国幅员广大……地理未经研究之面积，实尤甚多。吾人即此研修，宜可根据所得之客观事实，于地理思想与地理方法，别有发明，别有创立，欧美之精华同可撷采，但不必囿于成说，自阻进步。

——黄秉维

大亚湾东升岛

第一节　地理学的舵手

这一系列的改变使得全国各大学的地理系走上了一条革新之路。

提出了地理学研究方法论

一直以来，黄秉维都在深入思考地理学研究的实际应用价值。随着研究的深入和社会的发展，他调整了研究的侧重点，并提出了研究方法论，以准确把握地理学学科性质为基础，突出了地理学的综合性和区域性特点。20世纪50年代初，当时的苏联在地理学研究方面已经展现出较高的专业水平，而我国的地理学研究则主要向苏联学习。在与苏联专家的交流中，黄秉维意识到地理学的研究需要不断向综合性靠拢。为达成这一目标，他提出在人才培养过程中采取综合性的教授方法，除了地理知识外，还应教授物理、化学、生物等学科的知识。

黄秉维认为，综合与专业是一对辩证的关系。不管什么科学，分工越细，综合的重要性就越重要。尽管地理学需要分科深入研究，但综合是地理学的存在基础，不能有重要的学科缺门，

69 茶山

茶山位于博罗中部，面积约35平方千米，因其周边盛产山茶而闻名。茶山为中生代花岗岩构成，其地貌可分为中山和低山两种类型。其主峰海拔947.6米，是博罗中部的第一高峰，呈南北走向，也是典型的中山，海拔800米以上山段的坡度变化大，坡面切割深，海拔800米以下山段山体浑圆。主峰周边低山成群分布，地势较为和缓。

1974年11月，黄秉维（前排左二）率中国科教代表团访问新西兰

否则分科的研究会受到阻碍。多年以来，人文地理学和自然地理学存在相互脱节的问题，但现今世界各国的地理研究者正在逐步纠正这一偏向，这正体现了对这种辩证关系的认识。

70 象头山

象头山是位于博罗中南部的穹隆状山地，濒临东江干流，东起自罗村、石湖，西止于石坳、龙华，东西延亘60余千米，南北近40千米，是博罗境内的分水岭。象头山为白垩纪的火成岩，岩壁耸立，具有雄伟奇峻的山势。区内层峦叠嶂，陡峭山峰多达165座，南有红花顶、凉帽顶、黄岭、白沙堆诸山，北有雷公顶、寨顶、蟹眼顶、将军帽、南天嶂、太屏头诸峰，海拔均在400米以上，其中主峰蟹眼顶海拔1023.7米。山体基岩形成花岗岩特有的石蛋景观，遍布山坡、山顶及河床各处。山上生物资源丰富，植被覆盖率达90%。

1978年9月，中国地理代表团访问美国（前排左三为黄秉维）

地理学是一门涵盖了广泛研究领域的学科，其研究需要大量的知识储备。因此，只有具备综合知识的人才适合从事地理学研究，这也就决定了地理学专业的人数相对较少。黄秉维在华东区工作时，与三位不同学科背景的同事共同居住。通过日常的交流和讨论，黄秉维发现学工科和学经济学的同事在某些领域的知识储备上存在明显的不足。相比之下，地理学的同事则具备更广泛的知识背景，能够更好地理解和解决实际问题。

有一次，黄秉维和这三位同事一起讨论一个拟建于长江南

71 桂山

桂山在构造上属于灯塔盆地与东江断裂带之间的隆起地带，整体呈东北—西南走向。山中物种丰富，因盛产桂木，故名"桂山"。

岸的工厂方案时，学地理的同事根据他掌握的知识，立即想到距离长江不远的太湖，原因是太湖的水位涨落幅度比其他地方小得多，改变设计可以节省不少经费。学经济的同事一听就懂了，以后再遇到相似的问题也能触类旁通。但要求他较全面地具备判断自然条件的知识能力，还能随时运用，就不那么容易了。

因此，黄秉维认为：地理学是一个多学科知识融合的专业，地理学者能比较容易从其他学科吸收知识，在日常工作中，能更好地解决实际的问题。

随着国内环境的日益稳定，黄秉维在地理学研究领域展现出卓越的才华。他不仅摆正了地理学研究的方向，还积极攻坚相关课题，显著提高了我国地理学界在地理学前沿问题上的研究能力和研究水平。由此，我国地理学界逐渐参与到国际重大科研计划

72 红花嶂

红花嶂位于博罗东北部的石坝，面积约为200平方千米，主峰海拔为1052.7米。红花嶂的得名，来源于山顶盛开的红色杜鹃花以及红稔花，漫山遍野，异常美丽。红花嶂属于桂山山地，其形成与花岗岩的侵入和剧烈的褶皱断裂作用有关，山上花岗岩与砂页岩交错分布。山顶受地壳变动以及风化侵蚀影响，出露有许多裸露的石块。石块又经雨水的侵蚀与砂石的冲刷，形成了形状各异的湖穴，且终年积水。红花嶂没有经过系统开发，交通不便，仅为徒步越野的游客所"光顾"，仍是"养在闺中人未识"。

和热门议题中，甚至某些研究理论的提出早于国际地理学界，展现出我国地理学蓬勃生长的发展态势。

1984年，美国国家研究理事会的专家向国际科学联合会提出了一项建议：若要全面了解全球变化的主要问题，必须综合考虑相互联系的物理、化学和生物过程，然后再得出相应的结论。简言之，需要以综合的视角来研究、看待问题。此后，这一建议成为国际地圈生物圈计划的主题。

值得注意的是，这一建议与黄秉维早年提出的自然地理学研究新方向不谋而合。然而，黄秉维见解的提出时间却早很多。随着研究的不断深入，我国地理学开始在国际生态、资源、环境发展的研究中占有一席之地。

73 丫髻山

丫髻山属桂山山系，位于博罗麻陂，主峰海拔791.6米，山体呈南北走向，因两侧山峰像古时小丫头头上的双髻而得名。丫髻山的形成与花岗岩侵入和剧烈的褶皱断裂作用有关，故地势高峻，山坡陡峭。

丫髻山从东北部进入博罗境内，沿县界西南有崦子山、亚公岰顶、双髻崀、三帽岭等诸峰，然后转南有官山坳、天子嶂等山地，海拔均在600米以上。

开地理研究之先河

长期以来，我国地理学研究水平之所以无法提升，除了缺乏良好的科研条件之外，另一个重要原因是缺乏相关的实验条件和数据支持。黄秉维认为，若要推动我国地理学的发展，必须弥补这一短板。因此，他亲自推动实验地理学的工作，根据实际需求，设计了实验场所，制定了建造蓝图，将数理化应用于地理学研究的实践之中。

黄秉维革新了地理学研究的思想，主张将地理学变成一门实验科学，强调地理学应为社会经济发展做出实际贡献。他认识到，应用地理学最理想的领域是农业。因此，他进一步将地理学与农业联系起来，运用实验地理学研究，综合分析农业生产中的各类自然条件，为农业生产提供支持。例如，他领导研究人员研制和改进了先进仪器，包括测量总蒸发量的大型蒸发渗漏仪和

74 公庄盆地

公庄盆地是桂山山地西侧的断陷盆地，沿西北—东南向次断裂带发育。该盆地为丫髻山的东、西支脉所包围，杨村河流贯穿其中。公庄盆地为公庄镇的所在地，气候温和，土地肥沃，物产丰富，是珠江三角洲地区的"鱼米之乡"，素有"小天府"之称，也是历史上的缚娄古国所在地。这里矿产资源丰富，包括金、银、铜、锡、铁矿石、石灰石、黏土等，尤其以铁矿石和石灰石蕴藏量为多。

◀ 1980年，黄秉维（左）会见非洲客人

◀ 1980年，黄秉维（左）与吴传钧在日本

▼ 1980年，黄秉维（前排左三）接见外宾

用于测定土壤水分的中子探测仪，这些仪器都与农业生产密切相关。

可以说，黄秉维心系人民，创建了实验地理学并将其应用于服务农业之中。这不仅为我国地理学的发展开辟了广阔天地，还让农业成为地理学研究的重要对象，推动了农业科学和地理学的紧密结合与共同发展。

建立禹城试验站

在我国地理学的研究历程中，禹城试验站有着举足轻重的地位。它成立于1979年，1987年被批准为中国科学院首批开放试验站，1989年被列入中国生态系统网络基本站，并于1999年被科技部确定为首批国家重点试验站。它为我国地理学在农业、经济、环保、水文等领域的研究提供了翔实的数据，是地理学深化研究

---

75 杨村平原

　　杨村平原是东江中下游平原的重要组成部分，是博罗面积较大的平原，介于河源盆地与惠州平原之间，属于河流冲积平原，以杨村镇为中心，呈南北走向狭长分布。该平原内部有不少起伏和缓的台地，局部有红色岩系出露。杨村平原基本已被开辟为耕地和城市建设用地，出产柑橘、番石榴、甜木瓜等特产，但因地势低洼，容易受到洪水的威胁。该平原是粤东地区水陆交通的咽喉要道，也是内地进入沿海地区的重要交通枢纽之一。

的里程碑。

禹城试验站的成功建立得益于黄秉维在20世纪60年代初提出的"热水平衡及其在自然地理环境中的作用"学说。这一学说为地理研究所提供了新的研究方向，推动了实验地理学的进步。因此，地理研究所开始在山东德州、河北石家庄等地开展农田耗水、土壤水分及热量水分平衡的研究工作，为后来的禹城试验站建立奠定了坚实的基础。

1966年，国家科学技术委员会率领抗旱工作队，根据地理研究所提出的德州地区旱涝盐碱综合治理区划，选定山东禹城县（今禹城市）为实验示范点，并由地理研究所组建规划队伍，提出在禹城县南部建立约100平方千米的旱涝碱综合治理实验区。禹城试验站的雏形开始形成。

在初始阶段，众多人士对建立禹城试验站的做法表达了疑

76 杨村河

　　杨村河是东江中游的主要支流之一，因下游于杨村平原汇入东江而得名，杨村河发育于西北—东南次断裂之上，河谷两侧多崇山峻岭。因杨村河的中上游流经公庄盆地，故该河又叫"公庄河"。它发源于桂山山系，南流至杨村与柏塘水汇合，转东南至杨村耀珠潭接麻陂水，南流经泰美的沐村注入东江。杨村河全长82千米，流域范围包括石坝、麻陂、公庄、平安、柏塘、杨村、泰美等地，流域面积1197平方千米，总落差354.4米。

虑，他们认为此举耗费了大量的人力、物力，却并未带来明显的实际效益。然而，经过后续的研究，禹城试验站的重要性逐渐为人们所认识。

禹城试验站不仅汇聚了农业水文、农业气象等领域的专家学者，还针对地方病害防治研究、水分循环和水平衡等课题开展了一系列试验研究，提供了数据支持。这为相关研究理论的完善奠定了坚实的基础，对我国地理学研究能力的提升产生了不可磨灭的贡献。

自然地理学研究"先知"

1970年4月24日，我国成功地将第一颗人造卫星"东方红一号"顺利送入太空，这标志着我国航天事业正式进入发展实践阶段。对此，黄秉维十分欣喜，并敏锐地察觉到，未来可以利用卫

东江地理小百科

77 石坝-观音阁丹霞

石坝-观音阁丹霞指博罗东部石坝与观音阁两镇境内的丹霞地貌，在东江西侧，属于丹霞低丘，与位于东江的东侧、河源紫金境内的越王山丹霞地貌隔江相望。石坝-观音阁丹霞在构造上属于东江断裂带的范围，形成于中生代白垩纪时期，以石坝罗洞村的黄板山为代表，黄板山以巨石嶙峋而著名。区域内的丹霞洞穴较多，较知名的有黄花仙女岩、菊花岩、滴水岩、红岩等，洞穴规模大小不一，大者甚至可容纳两三百人。

星进行一系列的地理学研究。借鉴国际经验，他认为遥感技术及其应用研究将成为地理学未来的重要研究方向和领域。

之后，黄秉维积极推动遥感技术和地理信息系统在资源环境领域的应用，形成了地理学"研究区域考察""遥感应用"和"试验"三种手段相结合的方法。这种技术的应用为地理学研究提供了科学依据和方法，有利于各项数据的分析和研究手段的综合应用。

为了推动地理学的发展，黄秉维还提出深化地理学研究的建议。这是因为传统的地理学研究偏重描述，缺少试验分析，缺乏最新的科学技术和设备的应用，导致地理学研究解决人们生产生活中遇到的实际问题的能力不足。黄秉维认为，如果不深化地理学研究，将与自己科学救国、科学强国的初衷相距甚远。因此，他主张地理学吸收数学、物理、化学的知识，并建立观测、分

78 白水山汤泉

"汤泉吐焰镜光开，白水飞虹带雨来。胜地钟灵传异事，巨人留迹寄苍苔。"苏轼的一首《佛迹石》，不吝对九龙潭飞瀑的赞美，也让飞瀑的所在地——博罗中南部的白水山闻名于世。白水山汤泉便位于白水山，地处紫金-博罗断裂带之上，地热非常集中，因此地下水受热后沿着裂隙源源不断涌升，形成汤泉。白水山汤泉属碳酸氢钠高温泉，泉眼的水温高达70℃，汤泉水含有30多种微量元素，具有显著的保健治疗效果。

析、试验的基地，通过模拟在自然界中的条件和过程，进行必要的试验和研究。从解决实际问题的角度来看，这样的建议无疑是正确的和必要的。

改变地理研究方向

在1971年，北京大学地理专业毕业生面临着就业分配的困难，该专业的学生们纷纷抱怨地理学是无用的专业。为了解决这一困境，北京大学校教改组委与黄秉维进行了多次沟通，并最终确定了一个方向：在明确地理专业毕业生的就业方向之后，再恢复该专业的招生。

黄秉维积极联系各方，探寻相关消息，在与竺可桢先生的交谈中得知：目前世界上各工业国家正面临着严重的环境污染问题，地理学应当开展环境保护方面的研究，并培养这方面的人才。这一信息无疑为地理学的发展带来了新的转机。

自此，地理学的研究重点开始从自然地理转向环境保护，尤

---

79 沙河

沙河是东江中下游右岸的一级支流，也是博罗境内的两大河流之一。它发源于增城、博罗、龙门三区县交界的大、小源坑，经何家田、黄竹至芦村与河肚水汇合后称横河，与从东流来的响水河在显岗水库下游汇合后始称沙河。

其是针对水污染的治理。随后，我国地理学关注到地理学不能仅局限于山川河流，而应该与人们的生活相结合。在此基础上，地貌研究转向遥感应用研究，经济地理研究转向城市规划研究……这一系列的改变使得全国各大学的地理系走上了一条革新之路。

黄秉维成功引领我国地理学迈入了应用地理学的新时代。

80 水东陂林场

水东陂林场位于博罗、龙门、东源三县的交界处，属于大桂山高山、丘陵区，总面积1671平方千米。水东陂林场已被设为水东陂省级森林公园，最高峰海拔约1100米，最低处海拔仅100米。境内山高谷深，水资源非常丰富。境内森林覆盖率高达85.6%，这片茫茫林海中不乏两栖类、爬行类、鸟类和兽类等脊椎动物的踪迹。

第二节　勾勒中国自然区划蓝图

这使黄秉维深刻地认识到：必须通过科学的数据和方法，对我国自然区域进行划分，引导政府和百姓以科学的眼光对待农业生产。

以科学眼光看农业

在"为农业服务"的大基调和方向的指引下，黄秉维专注于农业经济领域。此时，正值中华人民共和国成立初期，国家建设百废待兴，人们的生产积极性空前高涨。然而，由于缺乏科学的认识，很多

1980年，黄秉维（中）在山东德州考察

时候越是努力，错误就越多。例如，一些地区盲目引进农作物品种，导致作物收成惨淡，农民亏损严重；有的地方盲目改变耕种制度，明明只适合种植单季水稻，却偏偏要种植双季水稻。

这使黄秉维深刻地认识到：必须通过科学的数据和方法，对我国自然区域进行划分，引导政府和百姓以科学的眼光对待农业

81 龙门县

龙门县地处九连、罗浮两大山脉之间，境内山峦起伏，群山重叠，纵横交错，构成"群山之地"。增江（龙门县境内称为龙门河）贯通县境南北。

1980年，黄秉维在中国科学院地理所青年工作座谈会上讲话

生产。

　　进行综合自然区划需要涉及诸多方面，包括地质、地貌、水文、气候、土壤、动物、植物、昆虫等自然因素的区划。组织和编纂每种区划都是一项重大课题。在1956年，黄秉维领导的中国科学院自然区划工作委员会邀请了气候、土壤、植被、地貌、水

82 九连山山地

　　以九连山为主体形成的九连山山地，位于新丰江上游，在地貌区上属于粤北山地，在地质构造上属于九连山地块。这片山地的组成部分以中低山为主，因深受地质构造的影响，呈东北—西南走向，主要山峰有风吹蝴蝶、寒山、朝天马、猫牙狸、雪山顶、下沙罗、桂峰山、三角山、天堂顶、大金山和白云山，范围集中在连平、东源、新丰以及龙门等地。

文等领域的专家，共同参与并进行了我国规模最大的一次区划工作。为了广泛收集各领域的意见和建议，黄秉维安排各位专家围绕一张大型地形图进行激烈的讨论。他则负责主持大局，并详细记录每位专家的意见和建议。

在当时，国内缺乏成熟的方案和研究先例，因此我们不得不依赖苏联专家的意见和帮助。为了确保区划草案的准确性和可行性，各部门在制定区划草案后，需要先将其翻译成俄文，然后提交给在华工作的苏联专家或寄送给苏联各大学及科学院的相关权威人士。苏联专家会给予详细的反馈意见，少则有3～5页，多则有20～30页，这些意见需要及时译成中文并转交给中国有关专家。

在翻译工作中，黄秉维非常注重翻译的准确性，他认为翻译的准确与否直接关系到最终的结果。因此，他努力学习俄文，并阅读了大量俄文资料。在翻译国外地理专业名词时，他做出了许

83 九连山山地地貌特点

九连山山地的主要岩系为变质砂页岩和花岗岩，两者夹杂分布，并造成了地貌上的差异：以变质砂页岩为主构成的山体，山棱尖锐；以花岗岩为主构成的山体，则较为浑圆。

九连山山地海拔多在600米以上，沿断裂线发育的河谷往往被深切成"V"字形，河谷纵断面常呈阶梯状，落差较大，水流湍急。这样的地貌条件是山地内多急滩、瀑布的原因所在，也是水力资源丰富的保障。山地中富含矿产，主要有铁、铅、锌、铜、锡、煤等。

多首次翻译认定的贡献，如生物地理群落、水热平衡等。有时为了确保物种学名的准确翻译，他会亲自走访原作者，查阅相关文献和词典。所有的区划稿件都需要经过他的审核、修改和统稿之后才能提交给苏联专家。这些区划稿件的总字数超过800万字，其工作量可想而知。然而，黄秉维却毫无怨言地承担了这一重任，并认为这一工作非他莫属。

划定了温度带的界线

在我国的综合自然区划工作中，黄秉维承担了核心职责。他投入大量时间，废寝忘食，致力于收集、整理和分析各种自然因素的资料，以构建我国自然区划的原则和方法，并草拟我国自然区划图。

幸运的是，对于如何划分我国的自然区块，专家们的意见是一致且明确的，划分的标准顺序依次为：先按温度，次按水分条件，再次按地形。然而，界线如何划定？如何命名？在这些问

---

84 南昆山

南昆山是龙门与从化、新丰与河源的界山，介于九连山、罗浮山两大山脉之间，是九连山的一支分脉。南昆山古称蓝粪山，据说是因为居民昔日在山中种植萝蓝需要施粪，故称"蓝粪"，谐音"南昆"，后用作山名。

题上大家无法达成统一的意见。大家所面临的难题主要是缺乏依据，无从下手。其中，讨论最多的是温度的区划。

温度的区划存在着两方面的困难：第一，各种试验都表明，温度对植物的影响是很复杂的，比如温度会影响植物体内酶的活性，植物对不同温度的耐受程度、高低温持续时间长短对植物有着不同影响等，但这些都没有成熟的研究数据；第二，温度对自然因素影响参差不齐，短暂的低温或高温对作物会有重大影响，对林下植物影响就较小，对某些动物影响更小，对土壤形成过程影响则微乎其微。

面对这一系列困难，黄秉维日夜思考，全身心沉浸在区划工作中。他的努力对于推动我国自然区划工作的进展起到了重要作用。

经过深入思考和广泛调研，黄秉维提出了一项具有创新性的解决方案：以我国东半部地区的作物制度、造林树种及保存较

85 南昆山胜景

南昆山从西向东呈马蹄形展布，形成山谷盆地，地势西高东低，山体由花岗岩及部分砂岩、页岩、片岩组成，山峦起伏。山体平均海拔近600米，海拔在800米以上的山峰有数十座。主峰天堂顶海拔1228米，是惠州海拔较高的山峰之一。山中有川龙峡谷、川龙瀑布、仙霞瀑布、七仙湖、观音潭、石河奇观、一线天等自然地貌。这里生态系统完整，动植物资源十分丰富，林海茫茫，蔚为壮观。每年春夏之交，天堂顶的杜鹃花盛开，满山姹紫嫣红，成为南昆山的一大胜景。

好的天然植被分布规律为依据，划定了温度带的界线。尽管这种做法与实际情况存在一定的差距，但它所代表的是长达几十年甚至几百年相对稳定的情况。随后，黄秉维将东半部的成功经验应用于西半部地区，为该地区的区划起到了一种示范性的作用。然而，与东半部相比，西半部地区的气候更为干燥，天然植被稀少，因此数据的收集和整理难度更大。

在黄秉维及其带领的团队的日夜努力下，除了青藏高原资料较为匮乏以外，全国由北至南，成功地划分出了6个温度带。这6个温度带基本上能体现出它们的地域差异，从而为我国的气候分区提供了重要的参考依据。

撰写了《中国综合自然区划》初稿

在确定了温度带后，黄秉维遇到了另一个挑战，那就是温度

86 南昆山自然保护区

南昆山位于惠州龙门境内，因远离东江水系与平原地区，少有人为干扰，生长着中国南亚热带森林中保存得比较完整、面积较大的一片山地常绿阔叶林。这里因处于北回归线上，又有别于北回归线上的沙漠地区，故被誉为"北回归线上的绿洲"，是"南国避暑天堂""珠三角后花园"，并于1984年1月被批准建立为南昆山省级自然保护区，保护区面积40平方千米。南昆山自然保护区的垂直地带性特征较为明显，其山地常绿阔叶林具有多层结构，动植物种类丰富。

带的命名问题。由于引入外国农业经验和外国生物物种是本次区划工作的重要目标之一，许多专家都倾向于采用在国际上已经广泛使用的热带、亚热带等名词。

然而，黄秉维认为，这些国际上通用的名词存在很大的混乱，即使是地理学家、生物区系学家、生态学家也用得相当混乱。例如，有的专家没有说明采用某种命名的依据，有的只使用了其中的几种命名，还有的根据自己的需要添加了其他名词，如亚热带、暖温带、寒温带、亚寒带、赤道带等。

黄秉维认为，我国温度区块的划分应该以国际上的使用分歧为鉴，建立一套自己的体系。经过综合各方的意见和建议，结合自己的调查和研究，他在1959年撰写了《中国综合自然区划》的初稿。

87 南昆杜鹃

杜鹃花是中国十大传统名花之一，素有"花中西施"的美誉，栽培历史悠久，园林品种非常丰富，备受人们的喜爱。杜鹃花一般生长在海拔500～2500米的山地疏灌丛或松林下，为中国中南及西南地区典型的酸性土壤指示植物。

南昆山的土壤呈强酸性，土层深厚且富含钾，具有较好的养分供应能力，非常适合杜鹃花的生长，因此每到清明杜鹃花开的时节，南昆山便成了花的海洋，漫山遍野红彤彤的一片，非常壮观。南昆杜鹃是南昆山的特有变种，属于矮小的常绿灌木，一般生于海拔300～500米的阴湿处岩石上。

这份区划初稿为解决我国的橡胶短缺问题提供了重要依据，明确了橡胶北移的基本界限，并在云南部分地区成功试种橡胶。这为国民经济带来了巨大的收益，不过，这也只是自然区划工作所体现的现实价值的一个小例子。黄秉维始终关注和思考国内外各领域的最新研究成果，这使他能够站在时代的前沿，洞察先机，为造福人民做出贡献。

坚持科学立场

在我国自然区块的划分过程中，黄秉维积极征求苏联专家的建议，充分吸收各种有益的观点，但他始终保持独立思考，根据实际情况进行取舍，并坚持以实践检验为最终标准。

竺可桢先生作为区划委员会主任，因忙于中国科学院的其他工作而未能对地理研究投入足够的时间和精力，所以，以自然区

88 永汉盆地

永汉盆地位于龙门西南部，是九连山山地中的断陷盆地，属于石灰岩溶蚀小盆地，因盆地内为永汉镇境，故名。永汉盆地被群山包围，东起天岭山，西至牛牯嶂，北靠南昆山，南面旗岭山，呈长方形展布，南北长约12千米，东西宽约3千米，面积有30多平方千米，海拔在30米左右，是龙门境内地势最低的地方，龙门河与永汉水在此交汇。永汉盆地是龙门的南大门，也是龙门与广州地区联系的必经之地，因此自古乃兵家必争之地。

划委员会顾问身份来到我国的苏联专家萨莫伊洛夫，成了黄秉维实际上的顾问。

作为自然区划委员会的顾问，萨莫伊洛夫先生在实际工作中曾提出一些可能存在错误或不成熟的意见。对此，黄秉维采取了既礼貌尊重又坚持科学立场的做法，即在礼仪上给予萨莫伊洛夫充分的尊重，同时安排他从事与河口学相关的教学工作，但在学术问题上，黄秉维始终坚持科学立场，绝不盲从或迁就。

萨莫伊洛夫先生对此也表示理解和认同，并积极联系了众多一流的苏联专家学者，为我国的自然区划提供了许多宝贵的建议。黄秉维对这些建议倍加珍惜，同时也非常珍惜与萨莫伊洛夫先生的友谊。

在自然区划工作中，苏联专家萨莫伊洛夫虽然对区划研究的推动作用有限，但在其中发挥的牵桥搭线作用是不容忽视的。然而，这并不意味着他身上没有值得我国科学家学习的地方。为

89 永汉水

永汉水是龙门河最大的支流，发源于从化天堂顶东南麓，在龙门永汉汇入龙门河，河长48千米，流域面积416平方千米。永汉水流域内较大的支流主要为油田水，其流域内建有旱河、合口两水库，流域面积为110平方千米。永汉水在改革开放前，一直有着繁忙的船运，尤其是在20世纪70年代。到了20世纪80年代中后期，随着河流改道、水电站筑坝、陆路交通的日益发达，永汉水的船运逐渐衰落。

了充分发挥萨莫伊洛夫作为河口学专家的作用，黄秉维做了巧妙的安排，他成功地安排萨莫伊洛夫到黄河河口和长江河口进行考察，并在北京和南京举办了河口学培训班。此外，他还细心地在萨莫伊洛夫有空的时候安排他在青岛、大连等接近河口的地方休假，以便他寻找研究灵感。

对于黄秉维的细心安排，萨莫伊洛夫表示非常满意。他不仅与学员们相处融洽，还帮助培养了一批中国的河口专家。这些安排充分体现了黄秉维的深思熟虑和细心周到，同时也展示了萨莫伊洛夫在河口学领域的专业知识和技能对于中国科学界的重要意义。

确定中国亚热带的北界

在综合自然区块划分过程中，黄秉维基本上采纳了中国专家的观点和方法。尽管苏联专家对此有所异议，但并未引发过多的

90 天堂湖

　　天堂湖位于龙门地派的天堂山之上，属增江上游的龙门河流域。因龙门河属于山区性河流，河道迂回曲折，山高峡深，水力资源丰富，故在峡谷落差高达70米的地方建造水泥大坝，形成了一个面积10多平方千米、蓄水量约3亿立方米的人工湖泊——天堂湖，即天堂山水库。天堂湖水质洁净，清澈见底。其周边的山地森林覆盖率非常高，超过了95%，山林与湖面交相辉映，形成了"猴子腌井""白马瀑布""奇石孤榕""卧女迎郎"等自然景观。

争执。然而，双方在热带和亚热带的划分问题上存在着显著的意见分歧。由于苏联的热带地区相对有限，苏联方面将亚热带的北界延伸至北纬49°，并希望中国按照类似的方式，将中国区划的亚热带北界大幅度向北移动。如果按照苏联的模式，亚热带将几乎包括中国热带以北的全部地区。对此，黄秉维等中国专家表示坚决反对。黄秉维对苏联专家指出："我们进行自然区划工作的目的是依据自然界的客观规律，为土地和水资源的利用提供服务。"

为了坚守中国亚热带的北界，黄秉维等中国专家坚持以北纬34°以南，1月平均温度在0℃～15℃之间，大致相当于秦岭—淮河一线作为中国亚热带的北界。针对这个问题，中苏两国专家进行了长达三年多的争论，但谁也无法说服对方。最终，黄秉维做出了决策，毅然地坚持了自己的观点，将中国专家确定的亚热带北界标示在中国区划图上。自此，两国专家的所有交流和讨论均以中国专家的划分为前提，不再进行进一步的讨论。

91 龙门年橘

龙门属于亚热带季风气候区，光照充足，雨量充沛，同时山地、丘陵广泛分布，是个"八山一水一分田"的山区县，昼夜温差较大，且山清水秀、无工业污染，具有得天独厚的年橘种植条件。龙门也因盛产年橘而成为"中国年橘之乡"。

第六章　名士风范

六十多年恪勤匪懈，而碌碌鲜成，又由于偶然机会，忝负虚名。偶念及此，常深感不安。

——黄秉维

惠阳小桂湾

第一节 远见开启新气象

通过跨学科的资源整合，地理学也能对农业生产产生巨大的积极作用，这同样是一个前景广阔的研究方向。

制定黄河中游土壤侵蚀分区图

在地理研究所成立之初，黄秉维与竺可桢就达成了共识：地理研究应聚焦于为农业和各项建设事业提供服务。他们一致认为，只有在科研实践中不断加强与生产、决策部门的协作，才能使地理研究发挥更大的作用。这与黄秉维"科学救国"的愿望不谋而合。当然，自中华人民共和国成立以来，黄秉维的"科学救国"愿望已经转变为"科学强国""科学富国"。

在20世纪50年代初，黄秉维参与了黄土高原科学考察，经过几年的努力，他成功地探明了黄土高原的土壤侵蚀方式，并总结出四种侵蚀方式：水力、重力、风力和洞穴侵蚀。在此基础上，黄秉维编制了我国第一幅1∶400万黄河中游土壤侵蚀分区图，并根据发生侵蚀的自然因素，编制了水力和风力侵蚀程度图，为我国土壤侵蚀规律研究和治理规划奠定了理论基础，为农业发展提

92 水稻种植

东江流域属亚热带季风气候区，水稻种植面积大、总产量高、单产较低、增产潜力大。根据稻作区域的划分原则，尤其是以晚稻安全齐穗终止期为主要依据，参考热带气旋、日照、雨量和产量等重要因素，广东的稻作区域可划分为粤北稻作区、中北稻作区、中南稻作区和琼雷稻作区。水稻是东江流域的第一大作物，以双季稻为主，主要分布在粤北稻作区、中北稻作区和中南稻作区。

供了有力支持。

此外，黄秉维还对黄土区域开展了土壤保持的研究。在分析黄土区域水力侵蚀成因后，他认为黄土区域是可以保持面上土壤的。因此，他进一步研究并提出了黄河中游水土保持的措施：陡坡耕地退耕、减弱坡面水力侵蚀、提高土壤有机质含量以及改善土壤结构和物理性质等。其中最重要的原则是，水土保持工作应与增加农作物产量、改善当地群众生活相结合，以减少土地流失并提高当地农民的配合度。至今，黄秉维当年的结论仍然是黄河和黄土高原治理的重要参考依据，在水利部门编制的相关规划中，他当年制订的分区方案和说明一直被沿用。

华南坡地改良与利用

在治理黄河和黄土高原的工作之余，黄秉维并未停下脚步。他敏锐地意识到，我国东部地区坡地生产率低下的主要原因是土壤侵蚀严重、自然灾害频繁以及自然生产力不断下降。如果不进行改良，将会对后续的粮食生产产生严重的负面影响。为此，他

93 粤北稻作区

连平的大部分地区属粤北稻作区。此地区春暖迟、秋寒早，春播迟、秋收早，是全省水稻安全生育期最短的地区。稻田多为坑田、垌田，分布较稀疏，海拔较高，低产田比重较大。

提出了"华南坡地改良与利用研究"方案。

为了验证这个方案的可行性，黄秉维亲自前往广东地区，与来自中国科学院广州分院地理所、植物所、土壤所等单位的专家共同商讨坡地研究的大计，并认真制定研究计划。他亲赴各地进行调查、考察，并建立试验站开展工作。

最终，黄秉维提出了一系列积极的措施：采取改善土壤物理性质、增加养分供给等，以改良坡耕地土壤；利用坡地非耕地种植速生植物，不仅可以保持水土，还可以提供木材、果品等经济产品。这些措施旨在最大限度地提高坡面的持续生产力和坡地的经济效率，改善民生。同时，从全球气候变化的角度来看，坡地改良利用还可以增加绿地面积，从而增强对大气中二氧化碳的吸收。

黄秉维不辞辛劳地奔波于各研究站点指导工作，为华南坡地研究做出了巨大的贡献。

94 中北稻作区

东源、紫金、源城、新丰和龙门等地处中北稻作区。该地区春暖较迟，秋寒较早，冬季有霜，但因水利条件较好，耕作面积较大，水稻以双季稻为主，耕作制度包括稻稻菜耕作制、稻稻肥耕作制、稻稻豆耕作制和稻稻麦耕作制。

聚焦土地生产潜力

土地生产潜力是指在一定的自然条件和经济条件下，土地的最大生产能力，同时也能侧面反映出某个地方的耕种习惯、种子水平、环境因素等对生产力的影响。对此，黄秉维进行了深入的思考，他开始探索土地生产潜力究竟有多少以及如何计算，并探究其受到哪些因素的影响。

1975年，黄秉维正式着手解决这些问题。他组织了一批专家，并利用5个月的时间对他们进行培训。他亲自拟定了农田蒸发力和土地光温生产潜力的计算方法，以此让他们了解如何计算土地生产潜力。随后，他们各自前往各省市（县），应用这种方法计算了各地的农田蒸发力和土地光温生产潜力。

通过这种方式，农业研究人员可以参考这些数据来提高土地的光合利用率，并采取相应的措施如培育良种、实施适当的耕作方法以及改善环境条件等，以逐步接近土地生产潜力的水平。

95 中南稻作区

惠东、博罗、惠城、惠阳、增城、东莞和深圳等则位于中南稻作区内。这里虽受热带气旋影响大，但春暖早，秋寒迟，且稻田密集，水利条件好，旱涝保收的稻田比例大，因此水稻单产高，总产量大，是最主要的水稻产区。

值得一提的是，2003年，国土资源部颁布了一项行业标准——《农用地分等规程》。在此标准中，全国各县（市）光温（气候）生产潜力指数速查表所采用的方法与黄秉维提出的方法完全一致。这种方法在土地等级划分工作中发挥了重要的作用。

向盐渍土要产量

我国虽然地大物博，但在粮食供应方面一直存在缺口，特别是在20世纪七八十年代。因此，提高土地利用率和土地产出率成了地理学研究的一个重要课题。黄秉维选择"盐渍土改良"作为主攻方向。

盐渍土是盐土、碱土以及各种盐化、碱化土壤的总称。这类土壤中的可溶性盐含量超标，对农作物生长有着显著危害。中国盐渍土面积高达约100万平方千米。若能成功改良这些土地，对于提高农产品产量，端牢中国人自己的饭碗具有重大战略意义。黄

96 水稻土

水稻是中国南方地区最重要的粮食作物。水稻土是为了种植水稻，人为地定向耕作管理而形成的土壤类型，而水稻又具有改善土壤结构以及环境条件的作用，因此水稻土在自然、人为因素的综合影响下，逐渐衍生出7个不同性质的土壤亚类。各类水稻土在东江流域皆有分布。

秉维在禹城试验站进行了相关实验，致力于探寻改良盐渍土的可行方法并总结了实践经验，为农业生产带来了实际增产效益。

通过这一研究，黄秉维更加坚信：通过跨学科的资源整合，地理学也能对农业生产产生巨大的积极作用，这同样是一个前景广阔的研究方向。因此，他在学术界赢得了越来越多的尊敬和赞誉。

驳斥"森林万能"说

人类对地球环境的认知是一个不断深化和发展的过程。在这个过程中，可能会经历一些错误的观念和误解。作为科研工作者，其职责是尊重科学规律，以科学的数据和事实为依据，为人们提供准确、科学的指引。

97 赤红壤

赤红壤是南亚热带地区的基带土壤，在广东范围主要见于粤中和粤东南地区，是省内分布面积最大的土壤类型。东江流域也是省内赤红壤的主要分布地区。

赤红壤是在高温多雨、干湿季节明显的气候条件下形成的土壤类型。东江流域的水热条件，既能够促使岩石风化分解，也有利于植物生长，而植被类型的多样性，又进一步加速了土壤的形成与累积。东江流域的赤红壤的成土母质以花岗岩为主，另有砂页岩、红色砂页岩、片岩、第四纪红土、石灰岩以及玄武岩等。岩石类型不同，则土壤的矿物成分及特性亦不同，如花岗岩赤红壤含砂量多，通透性好，含钾丰富。

在20世纪80年代初，人们对于"温室效应"的理解就出现了一个典型的错误。当时，人们认为只要大量种植树木、扩大森林面积，就可以解决由二氧化碳引起的温室效应问题。这种片面的认识导致了一种被称为"森林万能说"的观念流行开来，并实施了如"退耕还林""大造森林"等一系列的政策。甚至有些地方提出了所谓的"绿色水库"计划，其实只是换了一个说法来强调植树造林的重要性。

然而，这种大规模、大范围的植树造林措施引起了黄秉维的担忧。他通过撰写《确切地估计森林的作用》和《再谈森林的作用》等文章，用大量的科学数据和资料阐述了森林的气候、水文作用，呼吁人们实事求是地研究和认识森林对自然环境的作用，不应过分夸大森林的作用。他的观点引起了广泛的关注和讨论，并最终促使科学界和政府开始理性看待"森林万能"的观念。

98 亚热带常绿阔叶林、季雨林

东江流域位于水热条件优越的亚热带季风气候区，地带性森林植被表现为亚热带植被。根据纬度的不同，该区域又可以细分为中亚热带和南亚热带两个季风气候区，两者大致以北纬24°30′，即龙川—龙门一线为分界线。分界线以北广东东北部区域为中亚热带季风气候区，地貌以山地、丘陵为主，主要的植被带为亚热带常绿阔叶林带；分界线以南的东江中下游区域则为南亚热带季风气候区，地貌以孤山、冲积平原和台地为主，主要的植被带为亚热带常绿季雨林带。

第二节　关注可持续发展

黄秉维认为，针对我国的实际情况，研究制定适合我国国情的区域可持续发展战略势在必行。

推动中国区域可持续发展课题的研究

随着社会的进步，人们日益重视自身与地理环境的关系，引发了诸多概念的涌现。其中，"可持续发展"这一概念于20世纪80年代首次在国际自然保护同盟的《世界自然资源保护大纲》中被提出。黄秉维敏锐地洞察到这一崭新发展理念的内涵，并认识到它对地理学研究的重要性。

进入20世纪90年代，我国改革开放逐步深化，社会经济迅速发展，环境问题日益凸显。黄秉维认为，针对我国的实际情况，研究制定适合我国国情的区域可持续发展战略势在必行。他提出以50年为主要目标期限，近至10年至20年，同时推动地球系统科学的建立与发展。黄秉维强调地理学家应对经济和社会有深入了解，他在八旬高龄之时仍坚持研读经济学等书籍，思考信息时代地理学的新发展趋势，并致力于推动我国区域可持续发展课题的研究。

99 农业类型多样

东江流域北部以山地丘陵为主，适合发展农林业混合经济；西南部以三角洲平原为主，适合发展精品农业；东南部以山地、台地为主，适合发展农牧业混合经济。根据上述不同地区的土地类型及经济发展方向，可以将东江流域分为北部山地丘陵生态农业区、西南部东江三角洲基塘农业区和东南部滨海台地立体农业区。

1996年，83岁的黄秉维发起并组织了"陆地系统科学与区域可持续发展战略研究"会议，推动相关研究的进展，直至他生命的最后一刻。

温室效应的最早关注者

自第一次工业革命以来，人类生产活动的急剧增加导致大气中的温室气体含量迅速上升，特别是二氧化碳和甲烷，这两种物质是导致地球温度上升的主要因素。如今，温室气体排放所引发的气候恶化问题已变得日益严峻，不容忽视。早在1972年，黄秉维就提出了将温室气体致暖纳入地理研究所科研计划的建议。然而，当时人们的关注焦点主要集中在提高人民生活水平上，尚未充分意识到随着生产力的提高会带来的一系列环境恶果。随着温室气体排放量的逐渐增多，当积累到一定程度时，量变就会引发质变，导致全球气候变暖。

1978年，黄秉维访问美国期间，在与同行的交流中意识到温

100　北部山地丘陵生态农业区

北部山地丘陵生态农业区包括连平、东源、源城、紫金、新丰、龙门地，地处东江中上游流域，耕地主要集中于东江冲积平原与灯塔盆地，农业起步较晚，但是发展很快。山区农业主要发展经济林、竹林和油茶。作为生态型的现代农业示范区，灯塔盆地主要发展粮油、蔬菜、水果、畜禽四大产业，是广东优质的"米袋子"和"菜篮子"。

室效应对人类的影响已经开始显现。他重新激发了对这一问题的兴趣，认为这应该是地理学研究的重要内容之一，也是地理学的生长点。他主张地理学应当为缓解温室效应做出贡献，并积极参与国际地圈生物圈计划（IGBP）在我国开展的研究工作设计，自荐担任国际地圈生物圈计划中国委员会

1996年的黄秉维

委员。他想借此机会更好地进行全球气候变化领域的相关研究，探索温室效应的相关问题。

在未来，如何实现可持续发展？黄秉维经过深思熟虑，提出了一项关注陆地生态系统的设想。为了推动这一研究，他于1996

101 东南部滨海台地立体农业区

东南部滨海台地立体农业区包括惠东、惠阳、博罗、惠城等地，位于北回归线经过的东江中下游流域，东临潮汕平原，西接珠三角，南濒广阔的南海，是背山面海、台地广阔、土地资源较多、发展潜力较大的农业区。这里的水果、水产和畜牧业都有较好的发展前景。

年在北京香山组织了"陆地系统科学与可持续发展战略研究会议",和与会专家和学者进行了深入探讨。

黄秉维强调,研究全球变化既要关注全球性问题,也要关注区域性问题。在研究方法上,既要采用自上而下的方法,也要采用自下而上的方法,并将两者相结合。随后,他在《地理学报》《中国环境报》《科学》等学术期刊上发表文章,系统阐述了这一思想,引起了我国学术界的广泛兴趣和关注。

这项研究得到了中国科学院的批准,作为重大项目从1998年开始执行。至今,我国地理学界仍在沿着黄秉维引领的方向前进。

102 西南部东江三角洲基塘农业区

西南部东江三角洲基塘农业区包括增城、东莞、深圳等地,位于珠江口东侧。这里地理位置优越,自然条件好,交通运输方便,商品经济发展较早,已成为粮食、蔗糖、桑蚕、塘鱼、水果、花卉、蔬菜、家禽的生产及出口基地,是广东经济最发达的农业区,不少农产品的产量和出口量在全国占有重要地位。

第三节　留一世风范

黄秉维不仅有着卓越的学术成就，更是一个有良知、有担当的知识分子，他的身上体现了一代知识分子的精神风骨。

时代的精神风范

黄秉维是一位德高望重、学识渊博的学者，他的品德和学识在学术界和全社会都享有崇高的声誉。他生于民国初期，经历了家国危难和时局动荡，但他始终坚定地选择了学术报国的道路，这种精神实在难能可贵。

在改革开放之初，黄秉维曾担任全国人大常委会委员并成为大会主席团成员之一，这是对他的高度认可和尊重。然而，他并没有被这些荣誉所迷惑，而是更加谦虚、务实，坚持以一个学者的良知和求实精神追求着知识的真理。

他始终认为，一个学者应该保持独立和客观的态度，不能因为职务需要就胡乱判断。他曾经表示自己并不是对所有的事情都了解，因此不能轻易地支持或反对某些观点或政策。这种严谨、理性和务实的态度，正是我们这个时代所需要的精神风范。

黄秉维是一个真正的名士，他的风范和品质值得我们学习和

103 咸潮

咸潮是一种由太阳和月球对地表海水的吸引力而引起的天然水文现象，指海水涨潮时，咸水被带入三角洲河口内，使咸水、淡水混合造成上游河道水体变咸的现象。咸潮一般发生在冬季或旱季，即淡水河流量不足的时候。

崇敬。黄秉维不仅有着卓越的学术成就，更是一个有良知、有担当的知识分子，他的身上体现了一代知识分子的精神风骨。

严谨治学，倡导学术自由

黄秉维始终坚持学术自由，倡导"百家争鸣"和宽松的学术氛围。无论是在学术会议上，还是在日常学术交流中，无论面对的是学术权威，还是初出茅庐的年轻学者，他都充分尊重他人的观点。他坚持认为，在意见交流过程中，"不论能否达成一致，各方都应充分表达自己的见解，求同存异，并适时进行总结"。

1989年8月，国家自然科学基金委员会在贵阳召开了地球科学评审会。作为地理学领域的评审委员，黄秉维全程参与了为期五天的相关讨论。他与会场上的各领域专家深入交流，充分交换了意见和建议。此外，他还将未发表的论文《华南坡地改造与利用

104 咸潮对人类的影响

咸潮对人类的生产、生活有一定影响，主要是因为河口三角洲被普遍开垦为农田耕作区，而咸潮的上溯会使农作物受咸而酿成灾害，并对沿岸的工业生产和生活用水造成影响。咸潮对东江流域的影响集中在河口三角洲，即东莞石龙以下的网河区。咸潮上溯一般从9月开始，在翌年3—4月退出三角洲，具体时间的长短取决于上游汛期到来的时间。上游汛期早，则咸潮时间短；上游汛期迟，则咸潮时间长。一般情况下，12月至翌年2月的咸潮活动最为活跃。

问题》拿出来与学生进行讨论，并虚心接受大家的建议。

黄秉维经常鼓励年轻人发表各种观点和意见，即使有些看法存在偏差，他也总是耐心地进行指正和引导。同时，对于年轻人提出的好的见解，他也会认真倾听并给予肯定。

1989年夏，地理研究所成立《黄秉维文集》编辑小组，拟将黄秉维的学术论著结集出版。然而黄秉维本人却对文集的出版不大积极，一再说自己过去的文章有不足和缺陷，多次推辞出版。几经其同事劝说，出版之事才最终得到黄秉维的允许。黄秉维又亲自对即将出版的学术著作和论文进行了细致入微的修订和校对。

在书稿付梓之际，黄秉维为文集写了三万余字的"自述"和"自序"，表达了他对科研工作的深刻思考和心得体会。同时，他希望在书名中加入"教训与体会"几个字。不过，编辑组坚持

105 赤潮

赤潮是指在特定的环境条件下，海水中某些浮游植物、原生动物或细菌爆发性增殖或高度聚集而引起水体变色的一种有害生态现象。在正常的情况下，海洋中的营养盐含量较低，这就限制了浮游植物的生长。但当含有大量营养物质的生活污水、工业废水（主要是食品、造纸和印染工业）和农业废水流入海洋后，再加上海区的其他因素有利于生物的生长和繁殖时，赤潮生物便会急剧繁殖起来，形成赤潮。赤潮的发生，对海洋生态平衡、海洋渔业和水产资源，以及人类健康，都有极大的破坏性。

认为，这几个字不宜用作书名，提出可在书中加以说明后，黄秉维才勉强同意作罢。

黄秉维始终以严谨的态度对待学问、认真科研，这充分体现了他坚定的"科学救国"信念和初心使命。这也是他人生观的真实写照。

"两条腿的书架子"

黄秉维一生潜心治学，经常自称"书生气十足"，在旁人眼中，他也的确是公认的嗜书如命之人。古人云："士大夫三日不读书，则义理不交于胸中，对镜觉面目可憎，向人亦语言无味。"这恰是黄秉维一生酷爱书卷的真实写照。

黄秉维休息时间少，读书时间多，夜深人静时总在读书。中国科学院图书馆来了新书，借阅栏第一个名字总是黄秉维。无论是开会、出差还是赴宴，他都要背一大包书。有一次，黄秉维去广州出差，带的书就摆满了半张床，而他自己只窝在另半张床上睡觉。他也由此得了一个"雅号"，叫做"两条腿的书架子"。这个"雅号"有两层意思：一是因为他随身携带的书多；二是因

106　江河捕捞

东江流域气候温暖、雨量充沛、水温较高、水流较缓、水质较好，是淡水生物良好的繁殖区，也是广东重要的淡水鱼产区之一。

为他知识渊博，德高望重，与他交往，仿佛漫步在广阔的知识海洋，能从中获取知识和人生的真谛。

黄秉维早年就养成了勤奋的习惯，学习非常努力，他以"黄卷青灯，夜阑不寐，跋山涉水，迅迈无前"的精神度过了大学四年。自20世纪50年代以来，他的工作愈发繁忙，然而他宁愿放弃休息和睡眠，也要挤出时间来看书或写作。在科学发展的春天到来后，他更是以64岁的年纪保持着46岁的干劲，希望自己能够在已经开辟的园地上继续耕耘。为了尽可能多做工作，黄秉维常常每天只睡三四个小时，累了就在办公室沙发上打个盹儿，饿了就吃酱油拌饭。尽管如此，他总觉得自己做得还不够。晚年的黄秉维仍然遗憾自己的工作进展很慢，常感慨：时间花了，力气花了，最后却没有结果，这个责任在我。

最好的人生就是朴素地活

作为国家地理研究所的领导者，一位享有盛誉的科学家和中

---

107 海产养殖

东江流域的海产养殖的最优场所是大亚湾海区，原因是大亚湾内洋流以上升流为主，夏季尤其明显。上升流可以将海底丰富的营养盐类带至海面，这对湾内生物生长非常有利。同时，大亚湾岛屿众多，生态良好，利于海洋生物的休养生息。

国科学院的学部委员，黄秉维以朴实无华、节俭内敛的风范赢得了人们的尊敬。无论是在中关村的街头巷尾，还是在市区的公共汽车上，抑或是在北京饭店、友谊宾馆等高雅场合，他都从不显山露水，展示自己的博学多才。

为了节约资源，黄秉维在衣着上也十分朴素。他的衣物都要穿好几年，甚至衬衫的衣领都是补过的。黄秉维认为衣物只要还

黄秉维

可以穿就用不着买新的。家里的衣物都是从旧货店买来的，既不时尚也不名贵，仅是符合他的需求而已。

唯一让他慷慨投入的是购买书籍。他经常逛书店，出门时总会买好几本新书。这些书籍涵盖了自然科学专著、科普书、外语学习书等方方面面。此外，他还购买了许多通俗小册子，并将它们无偿捐给地理研究所，供同事们阅读使用。

自进入地理研究所工作以来，黄秉维作为一所之长，始终保持着节俭自律的生活习惯，并未因身份地位的提升而追求奢华的生活方式。在会议和研讨会上，他积极倡导自行解决食宿，以减少不必要的花费和浪费。平时，他和工作人员一样，凭自己的饭票在中关村食堂用餐，以保持廉洁自律的好习惯。

为了方便黄秉维的研究工作，所里为他配备了一辆小车，但他却很少使用。在参加会议或作报告时，他更倾向于搭乘公交车前往，以节约公共资源。尽管家住东城，周末回家需要转车两次，十分麻烦，但黄秉维从未动用所里的公车。在漫长的回家车程中，

---

108 红树林

红树林是指生长在热带、亚热带地区海岸潮间带上，受到周期性潮水浸淹，由以红树科植物为主体的常绿灌木或乔木组成的潮滩湿地木本生物群落。东江流域的红树林主要分布于深圳、惠阳和惠东等沿海岸线，深圳福田国家级红树林自然保护区和惠东市级红树林自然保护区是当地为保护红树林而设的保护区。

他选择利用时间看书或记忆外文单词，以提升自己的知识水平。

在工作中，黄秉维非常注重节约和环保。办公桌上的墨水瓶，他随时都要盖好，以防止墨水快速干燥造成浪费；就连一张草稿纸、一个信封，他也要反复使用，以减少纸张的浪费。如果发现有人浪费纸张，他一定会进行严厉的批评。这种廉洁自律的好习惯和严谨的治学态度一直保持到他的晚年，为无数青少年树立了学习的榜样。

109 蚕桑业

东江中下游流经广东的博罗、惠城和东莞等地，沿途形成了大量的河漫滩地。这些河漫滩地由冲积砂质土壤组成，较为贫瘠，缺乏养分，而且汛期常被淹没，旱季又缺水，不宜种植水稻等粮食作物，但土层深，非常适合种植适应性广、耐旱涝的桑树。基于以上情况，东江流域很早就开始发展蚕桑业。

主要参考文献

1. 黄秉维. 关注人类家园［M］. 北京：商务印书馆，2003.

2. 《黄秉维先生百年诞辰纪念文集》编辑组. 黄秉维先生百年诞辰纪念文集［M］. 北京：科学出版社，2013.

3. "中国地理百科丛书"编委会. 东江流域［M］. 广州：世界图书出版广东有限公司，2017.